自治総研ブックレット28

坪井ゆづる・其田茂樹・自治総研〔企画・編集〕

「転回」する地方自治

《2024年地方自治法改正（下）》

【警鐘の記録】

幸田　雅治
小早川光郎
北川　正恭
松本　克夫
小原　隆治
平井　伸治
保坂　展人
岸　真紀子
江藤　俊昭

公人の友社

はじめに

　これからの自治は、どうなってしまうのだろう、というのが本書の出発点です。２０２３年10月、総務省４階の自治行政局行政課で、第33次地方制度調査会の答申に向けた協議の概略を聞いたときの思いです。当時は朝日新聞の記者で、取材をもとに11月27日付の社説「国の指示権拡充　自治への介入を危惧」を書きました。地制調の答申が「分権改革に明らかに逆行する」「これでは自治への安易な介入を招きかねない」と批判する内容でした。４日後に定年退社したので、それが筆者の最後の新聞社説でした。

　その後、地制調の答申がさっさと法案化され、国会ですんなり成立してゆくさまを、自治・分権を取材してきた者として、どうにも割り切れない思いで見ていました。分権改革の停滞というか、逆行というか、その象徴として、今回の改正地方自治法があるように思えてなりません。

　とりわけ第2次安倍政権以降に目立つ、説明責任を果たそうとせず、数の力で押し切る乱暴な政治が続くなか、自治の現場には「長いものには巻かれるしかないでしょ」といった雰囲気が漂っています。そこに「国の指示権」が創設されるのですから、国から自治体への上意下達が、さらにまかり通ることへの危惧が募ります。

　現状を黙って見てはいられない。このまま流されていいはずがない、という思いで猛暑の夏にインタビューを重ね、それぞれに貴重な「警鐘」を鳴らしていただきました。

本書の構成をざっくりと分けると、法律的な視点での解説、分権改革の歴史を踏まえた意見、首長や国会議員ら政治家の見立て、地方議会のかかわり方の順です。どこから読んでいただいても構いません。気になる目次から、どうぞ。

中身をご参考まで、予告編風に少しずつ紹介します。

法律論はまず、総務官僚時代からの取材先だった幸田雅治さん。7つの問題点を、「さながら戦前回帰」という警告も含めて列挙しています。そして、三権分立と言いながら、国レベルでは議院内閣制であり、司法消極主義のため、水平的な権力分立が弱い日本にあって、「垂直的な権力分立である地方分権が民主主義に果たすべき役割は大きい」。だから国と地方が「主従」になるような事態は、地方自治だけでなく民主主義の危機だと力説しています。

次は1990年代からの分権改革の先導者のひとり、小早川光郎さん。そもそも、国の指示権の要件となる「国民の安全に重大な影響を及ぼす事態」という概念が抽象的なため、「どういう指示が必要で、かつ十分なのかもわからない」と疑問を投げかけます。その上で「何が起きるかわからないというタイプの危機対応問題」は「地方自治の話ではなくて、危機管理の話のはず」。「それを地方自治法に書くという理屈は成り立たない気がします」と喝破しています。

93年の国会の地方分権推進決議に立ち会い、その後は知事として改革の旗を振った北川正恭さんは、分権は政治改革と同一線上にある「国の構造改革」だったと振り返ります。現場でのせめぎあいを知るだけに、改正自治法に対し、「なぜ地方六団体のトップは問題視しないのか、ここで戦わずして、どこで戦うのか」「いまだに国というお上の言うことを聞いていればいい、という本質、根幹が変わっていない」と厳しく批判しています。

新聞社は違いましたが、尊敬する先輩記者のひとりの松本克夫さんには寄稿をお願いしました。図らずも、届いた文章の題はズバリ「地方自治法改正批判」です。「各自治体の無数の実験の中には必ず国の想定を超えた優れたものがある。それが分権型社会の集権型社会に対する優位性である。地方の知恵を借りない手はない」という言葉に膝を打ちます。

政治家の現場については、まず参院総務委員会で参考人を務めた小原隆治さんの意見陳述と議員との質疑を収録しました。国の指示権に国会の関与を認めれば機動性に欠けるという大臣答弁の虚妄性を鋭くただした点や、「自治法が自治法を否定している」という解説に対し、国会議員がどんな問題意識を持って質問をしたのかを読み取れます。

全国知事会で改正法への対応を担った平井伸治さんへのインタビューには心底、驚きました。これはニュースだと仰天しました。国会で最後まで明らかにならなかった立法事実を「多くの知事はわかっていた」し、「もし私が参考人で呼ばれたら、言ってやろうかと思ってました」と明言されたのです。国会での附帯決議は「せいぜい合格点」と見ているなど、今後の運用に注意を払う姿勢を強調しています。

保坂展人さんは改正自治法が「命の危険にかかわる」ことを説いています。コロナ禍対応で世田谷区が国と違った方策をとった経験を踏まえての指摘だけに、説得力があります。同時に「この法律を論拠にして自治体職員を思いのままに動員」して、「従わなかった自治体はお咎めを受けることになる、という構図」だと見ています。

岸真紀子さんは地方制度調査会の委員で、かつ国会で質疑をした参院議員として、それぞれの現場で、どのように行動したのかを語っています。個別法を設けず、法改正もなしに国が指示するということは、国会議員に白紙委任を迫るもので、「国会が要らない、と言うに等しいです」という発言は改正法の本質を突いています。

国会の事前関与も認められなかった改正自治法では、地方議会も「蚊帳の外」に置かれました。この事実を研究者の立場から論じた江藤俊昭さんはまず、今回の地制調が出した二つの答申の中身が「まるで肉離れしている」と呆れました。その上で議会の役割とあるべき姿を強調し、「自治体より国が頼りになる、議会よりは首長が偉いという発想は誰かに権限を預けてしまう全権委任の状況を招きかねない」との懸念を示しています。

これから地方議会では、改正法で設けられる指定地域共同活動団体制度に関する条例づくりが始まると見込まれます。当然、その条例の中身をどうするかで各議会の力量が問われます。いかに対応してゆくのか。地方議員座談会で首都圏の議員が、それぞれの思いと現実をざっくばらんに語っています。研究者が説く議会の姿と現場の声を、ぜひ読み比べてみてください。

まさに、いま衆院選が繰り広げられ、全国各地で候補者が熱く語っています。「地方創生」という言葉はふわふわと踊っていますが、残念ながら自治・分権の未来像をめぐる論戦は聞こえてきません。この現実を変えてゆくには、どうすればいいいか。その答えを探しながら、改正地方自治法に向き合う日々が続きます。

２０２４年10月

坪井ゆづる（地方自治総合研究所客員研究員）

自治総研ブックレットNo28
「転回」する地方自治《2024年地方自治法改正（下）》【警鐘の記録】

〔目次〕

幸田雅治さんインタビュー

前代未聞の悪法の改正自治法

問題点をすべて示す

――今回の改正地方自治法の問題点を指摘してください。

幸田　思いつくまま挙げると、まず第1に、そもそも改正法の根拠になる立法事実がありません。なぜ法改正が必要なのかを政府は説明できなかったのです。コロナ禍での国と自治体の調整が難航したことなどを例に挙げて、国による「指示権」の必要性を主張しましたが、結局、どんな事態を想定しているかは言えませんでした。

――国会では最初から最後まで、「想定されていない事態を具体的に示すのは困難」といったお粗末な答弁で、まったく具体性がありませんでした。

幸田　おそらく、コロナ禍で混乱した入院調整や大規模な災害時の自治体間の応援派遣などを念頭において法律をつくったと思います。でも、それを言うとすでに国の指示権の規定がある現行の新型インフルエンザ等対策特別措置法や感染症法、災害対策基本法などの個別法で十分に対応できるではないか、国が指示してうまくいくとは思えないなどと反論されて立往生してしまう。だから、あえて曖昧にし続けたのでしょう。

分権改革に逆行する

――各地から「分権改革に逆行する」という批判の声も上がりました。

幸田　それが第2の問題点です。2000年の地方分権一括法以前は、自治体の仕事の

幸田 雅治
神奈川大学教授

（こうだ・まさはる）1979年自治省入省。大臣官房国際室長、内閣官房内閣審議官（地方分権一括法案担当）、総務省自治行政課長、消防庁国民保護・防災部長などを経て、2012年、中央大学大学院公共政策研究科教授。13年、弁護士登録（第二東京弁護士会）。14年から神奈川大学法学部教授。

主な著書：『市町村合併による防災力空洞化』（共編著・ミネルヴァ書房、13年）、『行政不服審査法の使いかた』（編著・法律文化社、16年）、『地方自治論』（編著・法律文化社、18年）、『保育の質を考える』（共編著・明石書店、21年）など。

社会活動：平塚市情報公開審査会・個人情報保護審査会会長、国分寺市行政不服審査会会長などを歴任。現在は日本弁護士連合会で自治体等連携センター委員、災害復興支援委員会幹事、憲法問題対策本部委員など。東京都水道局コンプライアンス有識者委員会委員長。

うち、たとえば都道府県の場合には7〜8割が機関委任事務で、国の事務をその下部機関に位置づけた自治体にさせていたのです。国には自治体に対する包括的指揮監督権があり、訓令権、監視権などで自治体を幅広く指示、指揮できたのです。

その機関委任事務が分権一括法で廃止され、自治事務と法定受託事務に分けられ、いずれも自治体自身の事務となりました。同時に国の自治体に対する関与を大幅に減らすようにルールも大きく改められ、国と自治体の関係は「上下・主従」から「対等・協力」になったのです。

――国の関与のルールが、どう変わったことで「対等」になったのですか。

幸田　自主性の高い自治事務に対して、地方自治法上、国の関与の基本類型は「助言・勧告」「資料の提出の要求」「協議」、そして「是正の要求」までにしました。「指示」はなかったのです。しかも「是正の要求」の要件は「法令の規定に違反しているとき、又は著しく適正を欠き、かつ明らかに公益を害していると認めるとき」（地方自治法245条の5）と極めて限定されていました。

要するに、違法なものは放置しないで、ちゃんと是正しなさいよ、ということだけを国は言うことができるという考え方です。どう是正するかの内容も自治体自身の判断に任されていました。ここまで国の関与が抑制的なのは、地方自治は最終的には住民が自主的に対処し、判断するものであり、国が指示する必要はないという考え方が分権改革で確立されたからです。

一方で、自治事務に対しても国がどうしても指示する必要がある場合には、限定的な要件の範囲で、かつ、災害対策基本法のような個別法の根拠規定が必要などとする「関与の一般ルール（一般法主義）」が設けられました。その関与は「必要最小限」にするといった原則も確立されたのです。

それなのに今回の改正法では「是正の要求」よりも強い広範な「指示権」を個別法もなしに、いきなり地方自治法上で認めてしまいました。これは機関委任事務の考え方に極めて近く、国と自治体の関係を「上下・主従」に戻すものです。明らかに分権改革に逆行しています。

――政府が分権改革の成果を蹴散らした格好なのですね。

幸田　そうです。分権改革の成果を反故にする形で、国の指示権を広げたのです。この「指示権の拡大」

地方分権一括法による国の関与の見直し

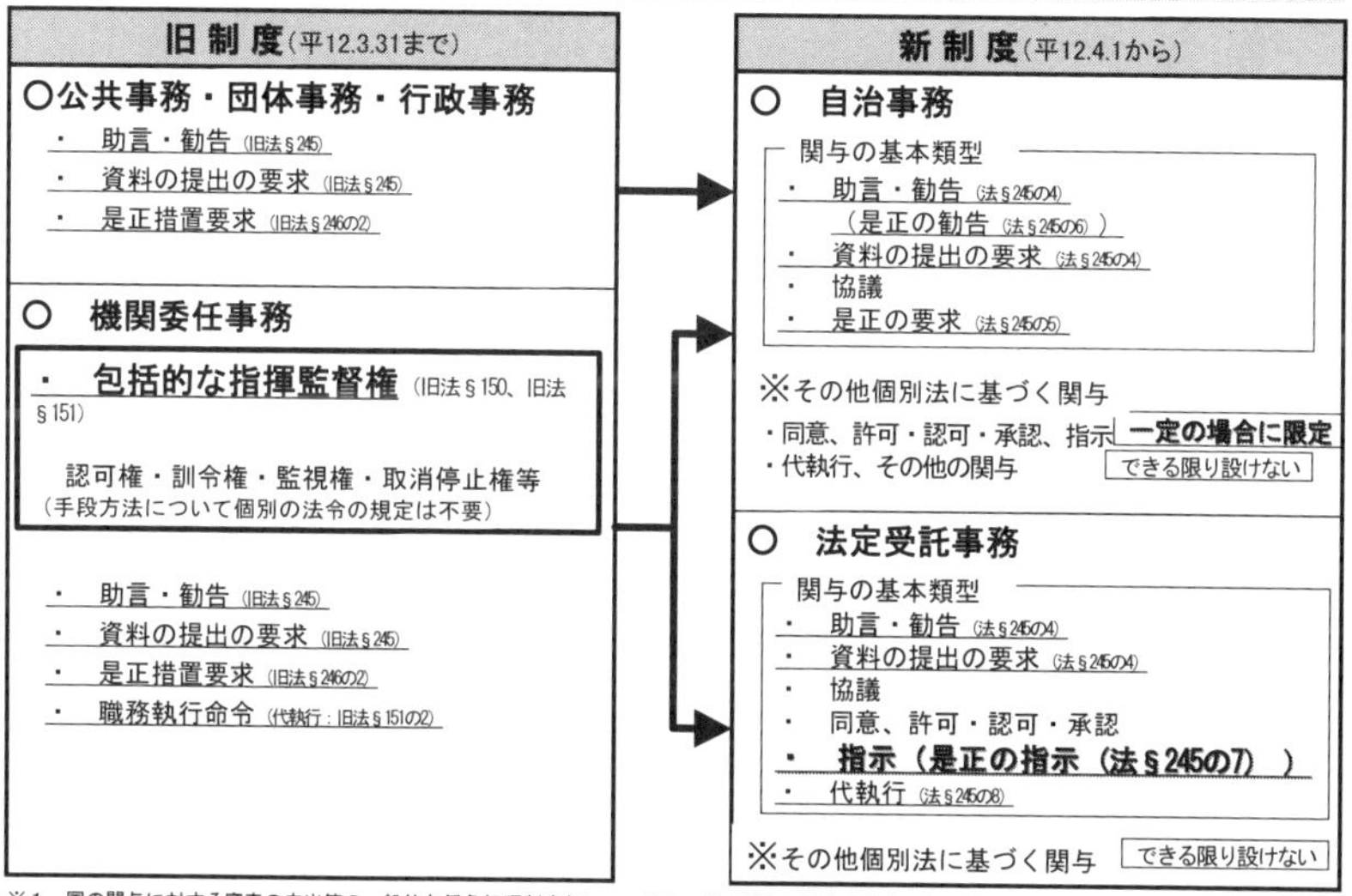

※1　国の関与に対する審査の申出等の一般的な係争処理制度なし。
※2　下線部は、地方自治法に一般的な根拠規定が置かれていた関与。

※1　国の関与に対する審査の申出等の一般的な係争処理制度あり。（法§250の7～§250の20）
※2下線部は、地方自治法に一般的な根拠規定が置かれている関与。

が第3の問題点です。

――いやはや、何とも乱暴な話ですね。

幸田　ほかにも驚くべき点があります。先ほど自治事務にも個別法の根拠があれば「指示」できると述べましたが、その要件は「国民の生命、身体又は財産の保護のため緊急に自治事務の的確な処理を確保する必要がある場合等、特に必要と認められる場合」（地方自治法245条の3第6項）という厳しいものでした。ところが改正法では「緊急に」を外して、国の指示権を幅広く認めたのです。

改正法での「指示」の要件は「国民の安全に重大な影響を及ぼす事態が発生し、または発生するおそれのある場合」「地域の状況その他の当該国民の安全に重大な影響を及ぼす事態に関する状況を勘案して」です。従来の自治事務への「是正の要求」よりも著しく緩和されています。

国会の歯止めなし

――「緊急性」も外すなんて、指示の要件は相当に緩く、曖昧なのですね。

幸田　こうした曖昧さゆえ、指示権の発動にはほとんど縛りがなく、事実上、無制限になりかねません。つまり「指示権の濫用の危険性」が第4の問題点です。指示権を発動する各大臣が恣意的に「国民の安全に重大な影響を及ぼす事態だ」と判断する事態を危惧します。

非常時には権力が濫用されやすいというのは歴史の教訓です。国は自治体に指示したり、自治体を通じて国民の権利を制限したり、義務を課したりして、みずからの政策の不首尾を糊塗する可能性が否定できません。

そして要件について、もう一つ指摘すべきは「発生するおそれのある場合」にまで広げていることです。

――「発生し」だけでなく、「発生するおそれ」も要件になる、ということですね。

幸田　「発生するおそれがある場合」にも指示できるとなると、自治体が何もしていない段階でも指示ができることになります。これまでも法定受託事務については、国が「是正」の要求でなく「指示」できましたが、その要件も「違法等の場合」に限定されていました。つまり、自治体が行った事務処理の「結果」に対する「是正の指示」でした。

しかし、「発生するおそれ」でも指示できるとなれば、これはもう法定受託事務も自治体の事務である、という自治の基本をも否定するような発想なのです。

――だけど、「指示権」の濫用などという恐ろしい事態を国会が許すでしょうか。

幸田　法律をよく読んでください。指示するかどうかの判断をするのは「各大臣」であり、その手続きは閣議決定のみです。国会の事前関与はどこにもありません。だから国会が歯止めになりえない、これが第5の問題点です。野党からは国会への事前報告を求める意見も出ましたが、退けられました。

――現場になる自治体に対して、国はどう対応するのですか。

幸田　指示する前には自治体からの意見聴取に努めなければならない、という規定はありますが、これは「努力義務」でしかないのです。自治体との事前協議を一律に定めることはできないので「努力義務」で足りる、という説明でした。でも、努力義務では法的には何の歯止めにもなりません。何人かの知事も懸念を示していました。

さながら「戦前回帰」

――「立法事実がない」から始まって、「分権改革への逆行」「国の指示権の拡大」「指示権の濫用の危険性」「国会の事前関与もなし」と、5つも問題点が列挙されると、改めて改正法の不気味さが際立ちます。

幸田　まだ、第6の問題点もあります。分権改革への逆行どころか、「戦前回帰」なのだという実態です。2000年の地方分権一括法より以前、つまり機関委任事務の時代でさえ、自治体の事務（団体事務）に対しては、違法等の場合に「是正措置要求」のみが可能という制度でした。当時も自治法上、国は自治体に是正の要求はできるが、指示はできなかったのです。

それを今回、初めて認めたのだから、憲法と同時に1947年に施行された地方自治法よりも前の時代、なんと戦前に戻ってしまったと言えるのです。

――「さながら戦前回帰」ですか。そこまで事態は深刻なのですか。

幸田　はい、そうです。もう一つ、第7の問題点もあります。大規模災害や感染症まん延などへの対処は、国と自治体が連携、協力することこそが大事であるという視点が欠落していることです。地方としっかりコミュニケーションをとるという地方自治法の理念をないがしろにしているのです。

――国の指示権を拡大するという発想自体が、国の無謬性を前提にしているようにも見えます。指示権を持った国の判断がいつも正しいなんてことはないでしょうに。あれは指示ではなかったけれど、安倍晋三元首相の「一斉休校」や「アベノマスク」なんていうのもありましたしね。

幸田　国が指示したら、うまくゆくというエビデンスはどこにもありません。一斉休校が要請されたとき、一部の自治体では、休校しなったところもありましたが、休校した自治体では相当に混乱しましたし、子どもたちの教育を受ける権利が侵害されました。

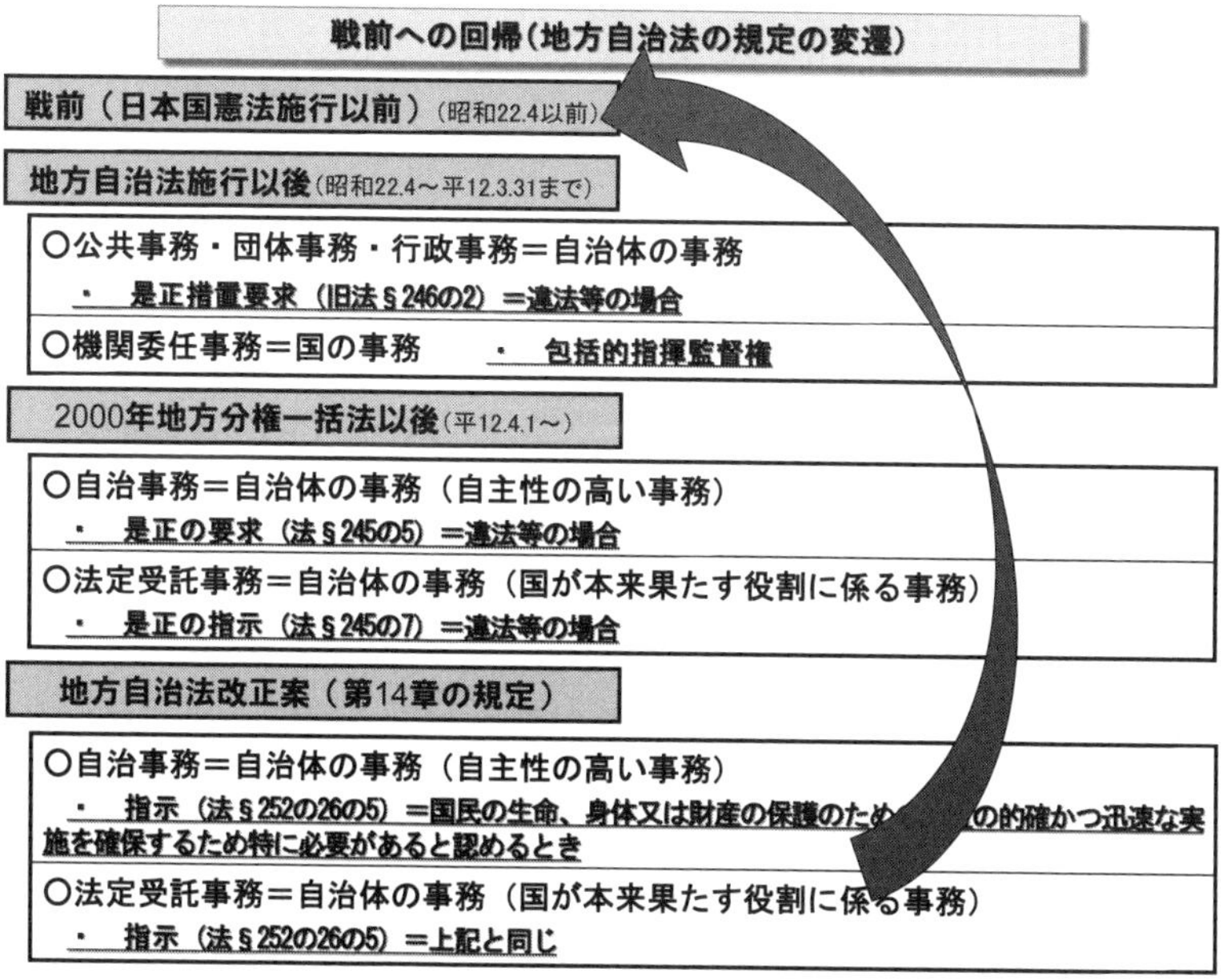
戦前への回帰（地方自治法の規定の変遷）
戦前（日本国憲法施行以前）（昭和22.4以前）
地方自治法施行以後（昭和22.4～平12.3.31まで）
○公共事務・団体事務・行政事務＝自治体の事務
・　是正措置要求（旧法§246の2）＝違法等の場合
○機関委任事務＝国の事務
・　包括的指揮監督権
2000年地方分権一括法以後（平12.4.1～）
○自治事務＝自治体の事務（自主性の高い事務）
・　是正の要求（法§245の5）＝違法等の場合
○法定受託事務＝自治体の事務（国が本来果たす役割に係る事務）
・　是正の指示（法§245の7）＝違法等の場合
地方自治法改正案（第14章の規定）
○自治事務＝自治体の事務（自主性の高い事務）
・　指示（法§252の26の5）＝国民の生命、身体又は財産の保護のため
の的確かつ迅速な実施を確保するため特に必要があると認めるとき
○法定受託事務＝自治体の事務（国が本来果たす役割に係る事務）
・　指示（法§252の26の5）＝上記と同じ

――確かに、現場の混乱は現場で協力し合い、試行錯誤も重ねながら解決してゆくしかない。われわれはコロナ禍で、その実態を目の当たりにしたように思います。

幸田　その通りです。国と自治体が連携・協力してこそ、難局を乗り切れるのに、国が一方的に指示すればうまくいくと考えるのは、勘違いも甚だしいです。現に、コロナ禍においては、当時、全国知事会は国と連携して全力を挙げるという緊急声明を発し、積極的な提言も行って問題を乗り切りました。

また、コロナ禍での具体的な事例として「神奈川モデル」を挙げたいと思います。行政の一方的な指示、命令では医療関係者は動きませんでした。病床の受け入れや臨時の医療施設の開設も指示するだけでは、スムーズには進まなかったので、神奈川県では医師である医療危機対策統括官が「顔の見える関係」をつくるために、医師会や病院を回りました。そして膝を突き合わせて現場のニーズを把握し、受け入れのルールを策定して対応することで、事態を改善しました。重要なのは調整をする現場に即した連携なのです。これができるのは都道府県であり市町村です。現場を知らない国ではないのです。

新たな関与を創設

――「指示権」の拡大について、もう少し詳しく解説してください。

幸田　たとえば、改正法によって国は自治体に「意見の提出の要求」ができるようになりました。これまでの「国の関与」にはなかった類型です。「事務処理の調整の指示」や「応援の要求及び指示」も今までなかった関与の類型です。つまり、新たな関与の類型をいっぱいつくり出したのです。

――だけど、国会審議で松本剛明総務相は現行法の「国の関与の基本を維持しつつ」、特例を定めるのだという趣旨の答弁を続けていました。

幸田　あの答弁は欺瞞です。そして、完全に間違った答弁です。国の関与の基本ルールが維持されているなんて到底、言えません。既存のルールを壊し、新たな「国の関与」の類型を設けたというのが実態です。だって、国の事務のために自治体の意見がほしいのであれば、「協力を求める」のが筋でしょう。

新型インフルエンザ等対策特別措置法6条では、「政府は、地方公共団体の長その他の執行機関に対し、資料又は情報の提供、意見の陳述その他必要な協力を求めることができる」と規定しています。「協力を求める」のが当然なのに「提出の要求」をするというわけですよ。明らかに、新たな関与の類型だし、上下主従の考えです。

――意見を出し合うのではなく、自治体が「意見の提出を要求」される構図ですか。そうなれば、国と自治体が対等な立場でコミュニケーションするのは難しくなりそうですね。

幸田　はい。さらに一つ注意すべきは、この指示を発する主語が「大臣、都道府県知事、その他の都道府県の執行機関」になっていることです。これだと、発動の要件である「国民の安全に重大な影響を及ぼす事態」を知事らも判断することになります。

――知事が「住民の安全」でなく、「国民の安全」への影響を判断するなんて、ずいぶん奇妙な条文ですね。それと、ここにある「その他の都道府県の執行機関」には、どんな意味があるのでしょう。

幸田　たとえば、文部科学大臣が都道府県教育委員会を通じて市町村に「休校の指示」などができてしまうということです。国の各省庁は、内閣法によって分担管理原則が取られていますが、自治体は地方自治法で首長、つまり、知事や市町村長が総合調整権を持っています。大臣が首長以外の執行機関に直接関与するのは、この地方自治法の基本原則を壊すものと言えます。

――知事もすっ飛ばして、大臣が市町村に指示するわけですね。

幸田　そうです。また「調整の指示」や「応援の指示」によって、国が自治体を幅広く指示できるようになります。その結果、国が都道府県を手足のように使って市町村を従わせることが可能となります。まさに、機関委任事務の発想です。

――条文を読む限り、国が都道府県を通じて「市町村に、ああすべきだ、こうすべきだ」と指示できるということですね。これでは国の指示によって、対等なはずの都道府県と市町村の関係も「上下・主従」にしてしまうことになりますね。

幸田　コロナ禍の例でも、現場第一という話をしましたよね。今回、「応援の指示」が創設されましたが、大きな災害を経験した首長の多くが唱えているのは、支援を受ける側のニーズを熟知しているのは支援を行う自治体だ、ということです。実際に罹災証明を発行したり、住民登録事務を応援したりできるのは同様の事務をしている応援に行く自治体職員です。国は、自治体の事務をしているわけではないので、そんなノウハウは持っていません。

自治体への責任転嫁も

――東日本大震災でも関西広域連合が府県ごとに支援先の自治体を決めて実施した「カウンターパート支援」が評価されました。ことしの能登半島地震でも輪島市には大阪府、珠洲市には兵庫県、七尾市には京都府など自治体による支援が続いています。府県と市町村が上下でなく、横につながっての活動ですね。そこに国が口出しすべきではないと思います。

幸田　自治体への「応援の指示」や「調整の指示」というのは、要するに国が対処しているフリができるということだと思います。国は指示することによって、「指示しました」「こうやれと言いました」と宣伝したいのです。その一方で、うまくいかなかったときは自治体のせいにする、責任を自治体に転嫁できるという構図なのです。国は、国民の命を守ることよりも、自分のことを宣伝することの方が大事という魂胆が見え見えです。

――そう言われると、改正法の狙いに、あざとい底意が見えますね。

幸田　国は陣頭指揮をとっているように振舞いたがるでしょうが、国に求められるのは、あれこれ指示することではなく、手厚い財政支援のはずです。東日本大震災のあとに、全国市長会は災害救助法を抜本的に見直して、自治体間の水平的、自主的な支援に対する国の費用負担を明文化するなどを提言しましたが、未だ実現していません。国は自治体に対して、「あっち行け、こっち行け」などと指示することではなく、「お金のことは心配しなくていいから、思う存分被災地を支援してくれ」というのが本来の役割と思います。

不可解な推進側の主張

——少し質問の角度を変えます。改正法を推進した人々の意見をどう見るかをお聞きします。「現行制度では個別法の想定を超える事態が起きたとき、国の指示に関する規定がない」ことを懸念材料に挙げて、「政府の暴走に歯止めをかけるため、政府の指示に法的根拠を与える改正は有用」という主張がありました。いわば「歯止め論」です。これを、どう見ますか。

幸田　理解できません。法的主張としてもまったく成り立ちません。「必要な指示ができる」という規定は、すべての指示は合法だというお墨付きを与えるわけで、歯止めにはなりません。事後に「適法だった」「必要だった」「問題なかった」と主張できるわけです。「重大な事態」といえば、何でも国の指示の対象になってしまうことこそ恐れるべきです。このように法的に成り立たないにもかかわらず、国民に指示権が必要かもしれないと誤解させる主張をする学者は、一体何のために研究をしているのか大いに疑問です。

——推進側には「指示権」の行使はあくまで一時的なもので、事態が落ち着いたらそれを個別法に落としてゆくのだから心配ない、という主張もありました。国会での附帯決議でも、発動した指示について「迅速に個別法の整備に係る必要な法制上の措置を講ずること」とあります。

幸田　私は個別法が適切に改正されることは期待できないと思います。いわば広範な「指示権」を手にした政府が、それをわざわざ個別法の関与の枠組みに入れるとは考えにくいことに加え、広範な要件で指示したのを、後で個別法に入れていったら、個別法は指示権だらけになってしまい、上下主従をさらに強めることにもなります。

だから個別法に落とし込むことはやるべきはありません。「事後は個別法で」というのは、百害あって一利なしです。なぜこんな発想が出てくるのかまったく理解できません。ただ、こじつけで法案に賛成したいだけでしょうね。

短い審議で法案も素早く

――多岐にわたる問題点を認識していらした先生は、地方制度調査会の答申から国会審議、改正法成立までの経過を、どう見ていたのですか。
幸田　まず、地制調の審議の駆け足ぶりに驚きました。地方自治法に新たな章を設けるような、自治の根幹にかかわる話を始めたのは、昨夏からです。任期2年の最後の数カ月、しかも専門小委員会での実質審議は3回だけですよ。驚きを通り越して、唖然です。
――そんなに短い審議で、これだけの法改正につなげたのは確かに驚きです。
幸田　そして地制調の答申から、わずか70日ほどで法案を閣議決定しています。断言はできませんが、この速さを見れば恐らくは昨年末に答申が出たときには既に内閣法制局が審査を始めていたのではないでしょうか。
――素早く法案ができたということは、答申が法案を主管する総務省の意向通りに書き込んであったからでしょうねぇ。では、国会の審議内容を、どう見ましたか。
幸田　松本総務相が現行法の「国の関与の基本を維持しつつ」と答弁していた点の欺瞞

性は先ほど指摘しましたが、もう一つ、改正法の内容を「地制調の答申に基づくもの」と答弁していたのも「ありえない」答弁だと思いました。

地制調答申にない中身も

――どこが、ありえないのですか。

幸田　第1に法律の中身に答申にない部分が多々あることです。指示権の問題とは別項目にある「指定地域共同活動団体の創設」に出てくる特例なども地制調の答申には出てきていませんでした。

――えーっ、地制調で審議されていない話が法律に盛り込まれたのですか。

幸田　そうです。それに、指示権について、答申では「指示は、目的を達成するために必要な最小限度の範囲で、地方公共団体の自主性・自立性に配慮して行うようにしなければならない」とされていますが、このような配慮はされていません。

さらに、現行法では都道府県の事務のうち、「連絡調整事務」は自治事務と位置付けられていますが、改正法では「大臣の指示に基づいて都道府県が市町村と調整する事務」は法定受託事務とされました。これによって制度上は最終的に代執行も可能になります。こうした本来は「自治事務」として行われるべき事務が「指示権」によって「法定受託事務」に変わり、代執行までできるようになるという重大な変更は地制調で審議されていません。

しかも、2000年分権一括法案の審議の際には、当時の小渕恵三首相や野田毅大臣が

「自治事務に対する代執行の規定を設けることは考えておりません」と繰り返し答弁していたことに真っ向から反します。

――過去の国会答弁もないがしろにしているのですね。

幸田　そうです。そして第2の「ありえない」理由は松本総務相が「答申通りだから問題ない」と言わんばかりの答弁を何回もしていることです。答申を受けて、それをきちんと政府として検討して法律にしてゆくのが本来の政府の仕事でしょう。答申通りでいいなら、政府には何の考えもないのですか、という話になってしまう。大臣としての責任放棄ですね。

――でも首相の諮問機関である地方制度調査会の答申は尊重すべき、重たいものではないのですか。

幸田　むろん、そうです。でも答申されたけれど、その後、政府としてしっかりと検討して法案は答申とは内容が変わった例はいくらでもあります。たとえば、２０１６年の第31次地制調答申です。監査制度に関しては、①監査の実効性確保のための「統一的な」監査基準を策定することや②監査基準の策定や研修の実施、人材のあっせん等を行う全国的な共同組織を構築すること、さらには、住民訴訟についても、法案は答申とは異なる内容となりました。

――答申に対して、政府が十分に検討して法案化する。そんな姿が過去にはあったということですね。

幸田　もちろんです。本来、当然そうあるべきです。特に今回は、これだけの地方分権にかかわる重大な内容を含むものとしては、答申から法案提出までの期間が異常な短さでした。つまり、各方面から改正法への疑問があっても、はなから自治体や国民の声を聴く気もなかったように見えます。

地方の声を聴いたのか

――松本総務相は国会で「昨年12月21日に答申を取りまとめ、本法案については、その後、地方六団体等の意見も伺いながら法制上の検討を行って、準備が整った本年3月1日に本法案を国会に提出いたしました」などと、地方の声を聴いて法律化したような答弁をしていましたけど。

幸田　これも事実に反します。地制調では全国知事会などからの意見を一応聴いていましたが、答申後の法案化にあたって自治体から意見を聴取した形跡はありません。社民党の福島みずほ参院議員が「答申の公表後に、法案提出に向けて、地方公共団体との意見交換や地方六団体との協議を行ったのか」という文書での質問をされていました。5月にあった政府の回答は「答申公表後に、地方自治法第263条の3第2項の規定により内閣に対して意見を申し出ることができるよう、改正の内容について、同条第5項の規定に基づき、令和6年1月26日及び同年2月5日に地方六団体に対して情報提供を行っています」でした。

――改正内容について情報提供をした、だけなのですか。

幸田　政府がそう回答しているのです。この対応のどこが地方の意見や声を丁寧に聞いて立案したことになりますか。お得意の「ごはん論法」ですかね。日本語としても、ありえないです。明らかな虚偽答弁と言えます。この時期に、全国知事会長をはじめ何人かの知事が総務大臣に面会して要望していますが、それが意見聴取と言えないのは明らかです。

それに、知事会からの要望も採用されてはいません。

分権改革の後退を象徴

――地制調の答申前から国会審議がどんな展開になるのかを注目していたのですが、自民党の裏金問題などの陰に隠れて、それほど話題にならなかったのが残念です。そもそも「立法事実」のない法律を成立させるなんて、国会はちゃんと役割を果たしているのか、大丈夫なのか、という印象を強く持ちました。

幸田　指示権とは別の話になりますが、国会で最近気になるのは、「法律が通ったら政令をつくります」という政府答弁が増えていることです。どんな政令をつくるのかという、法律の委任の範囲を議論して法律を通すべきなのに、それをしていない。かつては法律と政令は一体のものとして、内閣法制局で政令も一緒に審査していました。それが近年、政府には「政令の内容は説明しなくても通せばいいや」という姿勢が見受けられるため、法制局でしっかりとした審査をしなくなっていると言われています。

――国会で最終的に法案に反対したのは立憲民主党、共産党、れいわ新選組でした。でも、自民党内の一部からも地制調の段階では、指示権の発動される事態が不明確な点に対し、「事態の類型化、具体化、明確化をすべき」という意見は出ていました。それらは一顧だにされなかったわけですが。

幸田　かつては自民党にも地方自治を大事にする国会議員がいました。総務相を務めた片山虎之助さんや、分権一括法のときの官房長官だった野中広務さんらです。でも今は、そういう議員が見当たらないし、そもそも党執行部に意見を言える雰囲気がなくなっているように見えます。

――全国知事会などの地方六団体も聞き分けが良くなっているというか、おとなしいというか。法改正を深刻に受け止めていたようには見えません。

幸田　各地の知事さんの中には懸念を示された方も少なくありません。岩手や和歌山、福岡、沖縄などです。市長さんからも異論は出ていたし、反対の決議をした地方議会もありました。そうした問題点を指摘する地方の声が昨年の地制調の段階で、地方六団体、とくに知事会からもっと強く厳しく出ていれば、法改正の内容が変わった可能性はあったでしょうね。知事会が、地方を守る立場ではなくて、国に遠慮した発言をしていたように見えたのは、残念でした。

それと、政府が「指示権」の意味を正確に自治体に説明しないこともあって、自治体の中には「想定されない重大な事態」が発生した時には、国には大きな方針を示してほしいという考えに基づいて、「指示権」に対して一定の理解を示すところが相当数あったと思います。「大きな方針を示すこと」と「個別の事務について具体的な指示をすること」とは全く異なります。「指示権」の意味を誤解したままで法改正はやむを得ないと考える自治体があり、また、政府が自治体に誤解させていた面もあったと思います。

――この改正法は近年の分権改革の足踏み、後退の行き着いた先、ある意味で分権改革の現状を象徴しているように、私には見えました。

幸田　分権改革の後退とも言うべき、国の自治体への関与、介入が目立つ事例は、ここ

10年ぐらいで増えています。マイナンバーカードでの過度の指導的助言や、補助金や交付金とリンクさせた行政計画の増加、個人情報保護法などでの国と自治体の役割分担の軽視、それに「国と地方の協議の場」の形骸化など、です。

今後、市民がとるべき対応は

——最後に、できてしまった改正自治法に自治体の現場、あるいは市民はどう対応してゆくべきだと考えますか。

幸田　自治体は、緊急時への対応で重要なのは国と自治体が協力、連携することであり、国の指示権は行使すべきではない、ということを常日頃から繰り返し求め、発信し続けるべきでしょう。それによって、指示権を行使しにくい状況をつくれる可能性があります。改正法の成立後に反対を決議した議会などはその好例といえます。

そして、国が指示しようとする動きがあれば、現場の自治体との協議を求めることです。該当しない地域からも声を挙げるべきです。それでも自治体の意向に反する指示権が振るわれたときは安易に従う必要はないと、と自覚してください。

——「指示」に従わなくてもいいのですか。

幸田　あくまで「指示」は関与ですから、問題ある指示に対してはそのまま従うのではなく、国地方係争処理委員会に審査を申し出ることができます。また、国はパフォーマンスで指示したいと考えて指示することが多いと考えられますので、その指示に唯々諾々と従うのではなく、国の指示とは違う対応をすることをまず検討すべきです。そもそも、現場を知らない国から指示されても、その通りに行うことは難しいと思いますが、仮に、実施可能だとしても、自治体は、それとは違った「より良い対応」をすべきですね。そのことによって、国はよく分かってないよ、ということを世の中に知らしめるのです。

私はかねがね、国レベルは議院内閣制で、かつ司法消極主義なので三権分立という水平的な権力分立が弱い日本では、垂直的な権力分立である地方分権が民主主義に果たすべき役割は大きいと考えています。だから国と地方が「主従」の関係になるような事態は、地方自治だけでなく民主主義の危機だと心して対処すべきだと思います。

――最後の最後に、もう1問だけ。この改正自治法の国の権限を強める動きが、憲法改正の緊急事態条項づくりの露払いになるという懸念は抱かれますか。

幸田　そういう見立てをする人はいます。参考までに自民党の改憲草案を見ると、「第99条」は「緊急事態の宣言が発せられたときは、法律の定めるところにより、内閣は法律と同一の効力を有する政令を制定することができるほか、内閣総理大臣は財政上必要な支出その他の処分を行い、地方自治体の長に対して必要な指示をすることができる」となっています。

――あらま、「自治体の長に指示することができる」ですか。改正自治法のまんまじゃないですか。これでもう改憲の必要もないってことですかね。

幸田　いやいや、改憲草案で指示をする主語は「内閣総理大臣」です。だけど改正法では「各大臣」ができてしまう。ある意味、改憲草案より悪いです。

小早川光郎さんインタビュー

危機対応を、なぜ地方自治法でするのか

分権改革の原則が軽んじられている

――改正自治法を、どう見ていますか。

小早川　まず感じたのは、新規条文の文言がくどくどしく、抽象的で読みにくい点です。たとえば、「国民の安全に重大な影響を及ぼす事態」という概念が出てきます。あの「武力攻撃事態」とか「存立危機事態」など、最近の立法で好んで使われる「事態」という言葉の一つだと思いますが、長々しく表現されたこの「国民安全重大影響事態」とはいったい何なのでしょう。

――表現は長いが、概念は曖昧なのですね。

小早川　そうです。とにかく条文全体が、短い言葉ではまとまらない概念でできているのです。条文は本来、長く丁寧に書けば具体的になるはずです。しかし、同じ「事態」でも、

「武力攻撃事態」というのは文言としてははっきりしているのに比べて、「国民安全重大影響事態」は言葉が長くなっているだけで、イメージ、概念が抽象的になってしまっています。

条文が想定している事態がどういうものなのか、それが不明確だとすると、どのように対応するのかという方策も、条文からはイメージできません。

地方制度調査会の段階で事務局（総務省自治行政局）から出てきた説明や、そこでされていた議論から言えば、迫りくる危険の例示は結局、コロナ禍などの感染症のまん延、集中豪雨などの大規模災害でした。そういう事例から出発して、個別法で対処できないケースがあるのではないかという議論をしたのだけれど、具体的なことが最終の答申や条文には出てきませんでした。この条文が何かそういうものを基本にしているのかどうかが、条文からはわからないわけです。そうなってくると、その対応策も見えてこないでしょ？

――どういう事態を想定しているのかが条文から分からないのでは、どう対応するかということも分かるわけがない、という意味ですか。

小早川　そうです。その事態において中央（政府）と地方（自治体）がいろいろな課題を抱え込むことになるだろう、そして、それに対して地方がうまく対応できないでギクシャクするなら、国が指示をしようという話なのでしょうが、どういう課題とどういうギクシャクが出てくるのかが分からないから、どういう指示が必要で、かつ十分なのかも分からないということになります。

――改正法がイメージしているのは大地震や風水害などの災害対策や感染症などと思われますが、その具体的な範囲や判断基準が条文にはありませんね。

小早川　そう、具体的な想定が定かでない、だから条文は抽象的な言葉にするしかない、ということなのでしょう。そうすると、おそらく、いろんな事態において適切な指示ができるのかどうかも保証されませんね。

私が大事だと思うのは、「指示」に従わせることよりも、国が適切な判断をして、それを国の判断として自信を持って明確に伝えられるかどうか、です。

助言、勧告ではダメなのか

小早川 光郎

公益財団法人
後藤・安田記念東京都市研究所　理事長

（こばやかわ・みつお）1946 年生まれ。

東京大学大学院法学政治学研究科教授（2010 年３月まで）。成蹊大学法科大学院客員教授（20 年３月まで）。04 年より後藤・安田記念東京都市研究所評議員。18 年から現職。行政手続法等の行政通則諸法の制定・改正、地方分権改革などに携わってきたほか、地方制度調査会委員（01～06年）、日本公法学会理事長（10～16年）、衆議院議員選挙区画定審議会会長（14 ～ 19 年）、国地方係争処理委員会委員長（12 ～ 18 年）、総務省行政不服審査会委員（16 ～ 19 年）などを務めた。

主な著書 『行政法　上』（弘文堂）、『行政法講義 下 I,II,III』（弘文堂）、論文に「並行権限と改正地方自治法」『公法学の法と政策』下巻（有斐閣、2000 年 ）、「基準・法律・条例」『行政法の発展と変革』下巻（有斐閣、01 年）など。

——しかし、国は新たな「指示権」の創設にこだわりました。

小早川　指示権の創設はコロナ禍対応の振り返りの会議などでの議論とつながっているのでしょうけれど、私の個人的な記憶と印象は、大臣が、肝心なときに何を国民や自治体に求めるのかを、責任を持って言う場面が少なかったのではないか、ということです。

コロナ禍の際に自治体側が見ていたのは、国つまり大臣が本当に責任を持って、こうすればいいという判断をしてくれるのかどうかだったと思います。専門家であるどこかの先生が「科学的にはこうです」といくら言っても、自治体の方には「それで、政府はどうなのか。学者の発言に従って行動して、もし何か問題が起きた時に、政府はちゃんと面倒を見てくれるのか」という心配もありうるし、実際にあったのではないでしょうか。

だから、国の側で、専門家の議論を踏まえた適切な判断過程を経て、担当大臣なり、総理や官房長官が、政治、行政の責任者として、しっかり科学的な言葉で、「こういう判断に達した」と言えば、自治体の対応は違ったのではないかなと思います。

国の判断がはっきりとした内容であれば、「指示」と言わなくても「助言」や「勧告」でも、大多数の首長さんたちは尊重し、従ったでしょう。常識的に見て、「助言」「勧告」では相手が従わないから「指示」で従わせるという立法上の必要がどこまであるのでしょうか。

——それでは、国がきちんと判断して助言なり勧告なりをできるのであれば、わざわざ国の指示を広げた今回の自治法改正は要らなかった、という話になりますね。

小早川　なぜ、「指示」を持ちだしてくるのか、という思いはありますね。まず重要なのは、国がしっかりした判断を示せるかどうか、です。判断の中身がグラグラしているようだったら、「指示」という権限だけつくっても適切ではないでしょう。

こうしてみると、やはり議論の仕方がちょっと違っていたのではないのかなと思います。どんな事態を問題にするのかという話から入れば、では、いま個別法として何があるのかが問われます。大規模災害ならば災害対策基本法、感染症ならば新型インフルエンザ等対策特別措置法などがあるけれども、その内容が不備だというのであれば、充実させればいい。そして、危険な事態が予測されるけれども、それに対処する個別法がないのであれば、急いでつくればいいのです。

——本来は現行法で対処すべき話なのだ、ということですか。

小早川　ただ、おそらく、法改正を進めた側は「いや、事態を予測しきれないので、それに対応する個別法の制定とか改正とかもしようがないのです」という説明になるのだろうと思うのです。

ですが、もしそうであれば、それは結局、問題になる事態の態様を事前にうまく切り分けられない、つまり個別法による対応はできない、しかし、そうかもしれないけれども、何だかわからない危機に対応することが必要ではないかと、そういう問題だということになります。

そういう本当に何だかわからない危機対応の問題に、それでもあえて取り組むというのであれば、それに相応しい学問分野があるはずだと思うわけです。そういう危機管理タイプの人が今回の法改正の議論に、どこまで関わっていたのかどうか。

——いいえ、関わっていないでしょ。地制調の委員たちが、危機対応の専門家、たとえば「失敗学」

を研究している畑村洋太郎さんらの話を聞いた、という話は寡聞にして知りません。
小早川　何が起きるかわからないというタイプの危機対応問題をどのように扱うかということの専門家の意見があるはずで、そういう検討の仕方があったのではないかと思います。要するに、地方自治の話ではなくて、危機管理の話のはずです。

なぜ地制調が使われたのか

——つまり、危機管理の問題ならば、なぜ、地方自治法で対応しようとするのか、問題と対応する法律がズレている、ということですね。
小早川　はい。なぜ地制調で議論したかといえば、2021年の「骨太の方針」に書き込まれたからでしょう。
——はい、骨太の方針には「総務省は、内閣官房及び厚生労働省等の協力を得て、国と都道府県の関係、大都市圏における都道府県間の関係及び都道府県と市町村（政令市や特別区を含む）との関係について、今回の感染症対応で直面した課題等を踏まえ、地方制度調査会等において検討を進め改善に向けて取り組む。さらに、国と地方の新たな役割分担について、行政全般の広域化についての具体的推進、地方自治体間の役割分担の明確化の観点から、法整備を視野に入れつつ検討を進める」と書かれていました。
小早川　それで地制調にお鉢が回ってきたわけでしょうが、そのあたりの差配を、誰がどこでどう判断されたのか。

そもそも、危機対応の立法が本当に必要なのかどうかの判断は、想定される危機とはこういうものだという、ある程度抽象的にならざるをえないとしても一応納得のできる説明がないと、できないはずですが、たとえそこの納得がいったとしても、それを地方自治法に書くという理屈は成り立たない気がしますね。

——国がコロナ対応にてこずった。それは自治体が言うことを聞かなかったからだ、総務省が自治体を何とかしろ、と国のどなたか偉い方が考えたようにも見えますが。

小早川　コロナ禍の混乱の原因はいろいろあったし、誰のせいだといった議論はあったわけですが、その中でどっかから目をつけられて、問題はあそこだ、お前なんとかしろ、というような経過はあったかもしれない。わかりませんけど。

——改正自治法を巡っては「指示権を使うことが目的ではなく、国と地方は対等ではないのだという認識を、自治体側に持たせようという企みではないか」という意見もあるのですが、どう思いますか。

小早川　私はそこまでは勘ぐらないですけど。

——「改正自治法は憲法に緊急事態条項を盛り込むための露払いではないか」という批判もあります。

小早川　外から見ていれば、憲法改正の動きとは、まあどこかでシンクロするのではあろうとは思いますけど。いずれにしても、緊急事態法制必要論が、特にコロナ禍で現実性を帯びた、そして、それを部分的にでも実現しやすいルートはどこだろうかということで、地制調が選ばれたとか、そういう可能性はあるかもしれないと思います。

――地制調は総理大臣の諮問機関ですからね。大臣の諮問機関よりも権威がある。地制調はそういう使われ方をするのだという感じですかね。

小早川　これは勘ぐりになるけれど、この法改正は緊急事態法制の話だと思わせないようなやり方ではありました。今回の第33次地制調への首相の諮問は、ごく抽象的に国と地方の関係を考える、というものでしたよね。

――首相の諮問は「新型コロナウイルス感染症対応で直面した課題等を踏まえ、ポストコロナの経済社会に的確に対応する観点から、国と地方公共団体及び地方公共団体相互の関係その他の必要な地方制度の在り方」について審議して、というものでした。

小早川　そうそう、緊急事態、危機的事態への対応というようなことは書いていなかったでしょ。そのように、とにかく目立たないようにしたのだろう、とは思います。

措置の範囲と要件も問題に

――法律の中身に話を戻します。事態が想定できていないので、国の指示の内容もわからない。そんな法律が施行されるわけですが、どんな問題がありそうですか。

小早川　条文の書き方の問題ですが、まずは国の指示の対象となる事項、つまりどのような措置をどこまで行えるのかがわかりません。

議論の前提として、そもそも、仮に何らかの事態があって、それに対応する必要があるときに、この条文にもとづいて国が何でも指示できるわけではありません。たとえば、宇宙人がどこかの地点に到来しそうだという事態が起きても、その周辺の土地を全部召し上げろなどと自治体に指示できるかというと、もともと、自治体が住民に対してそのような措置をとれるわけではなく、この条文によってそれが可能になるわけでもないのです。

――えーっ、宇宙人が来ても土地を収用できないのですか。

小早川　たとえ話として宇宙人は適切でないかもしれませんが、一般に、住民に対して何らかの負担を強いるのであれば法律の根拠が必要だという話です。そういう法律があることを前提として、それなのに、自治体がそれをうまく使ってない、だからそれをうまく使えという指示をする。多分、そういうことを想定しているのでしょう。

だけど、そうだとしても、さらに、その法律を根拠に、どこまでの措置を自治体ができるのか。国の側は「それはできるだろう」と言って指示をしようとする、でも自治体の方は「法律の趣旨からしてそれは無理でしょう」と抗う。そういった構図になったときに、どこまでの措置をするのか、その範囲が問題になります。

――国の指示によって、どこまでの措置ができるのかが曖昧なのですね。

小早川　そうなのです。さらにもう一つ、国の指示の要件の書き方が、「国民の生命、身体若しくは財産の保護のため……」というように抽象的なのも問題です。これは、何が起きるかわからないけど一応備えておこうという話でしょうが。

この種の法律に何があるのかと考えたら、ある意味でわかりやすいのは警察官職務執行法です。警察官が現場で、これは放っておけないというときに、何種類かの実力行使ができるようにする法律ですが、そこには、「異常な挙動その他周囲の事情から合理的に判断して次の各号のいずれかに該当することが明らかで……」などと、要件がかなり厳しく書いてあります。どんな場面、どんな状況かを、あらかじめ具体的には絞り切れないけれど、それでもかなり強力な措置をできるようにする、誰かの体を押さえつけて行動させないとか、そのような措置を規定する必要があるのであれば、要件をできるだけ厳しく書かなければいけない。こうこうこういう場合でなければダメですよ、と書くことになるはずで、それは当然のことです。

行政法の概念で言うと「即時強制」の事例です。今回の改正自治法の指示権とは別の話のように見えるかもしれませんが、立法にあたって求められる配慮という意味では共通性があります。そういう配慮がもっと要るのではないでしょうか。

――「要るのではないか」と指摘されるということは、そういう配慮が条文上は足りませんねという意味ですよね。

小早川　「特に必要があると認めるとき」「その必要な限度において」とはありますが、とても十分とは言えません。

もう一つ気になるのは、条文の「国民の生命、身体又は財産の保護のための措置」という語句、これは現行の地方自治法245条の3の第6項の文言を下敷きにしたものだと思いますが、それを「生命等の保護の措置」と縮めています。その結果、「生命等」と略した表現の中に「財産」まで入っているわけです。

――財産まで入ると、生命だけよりも保護する範囲がかなり広がりますね。

小早川　全く違いますよね。何を想定するかにもよりますが、たとえば水害が起きれば、人が住んでいなくても、誰かの土地、財産に影響しますね。生命の危険はないのだけれど、財産に被害が生じる可能性があるときも適用範囲に入るわけです。

――少し角度を変えた質問をします。自治体に指示するならば、その指示によって発生する事務の財源を明記すべきではないでしょうか。法律に基づく指示で自治体の職員を応援に派遣するなど、人を動かすわけですから。

小早川　どんな事務であれ、具体的な事務として法定されているものについては、法定する時に財源措置もあらかじめ考えられているはずです。今回の場合、一旦指示をしたら、自治体の財政負担が生じるわけですが、それをどうするか。そのたびごとに調整するのか。そうではなく、ルールをあらかじめ決めておくのであれば、制度としては完璧でしょうけど、財務省が納得して、指示権発動に伴う財政的なルールというのができるかどうかといえば、それは難しいと思いますね。どうですかねえ、災害などが起きてから、その被害の程度などに応じてやるのですかね。

自治法の基本スキームを改変

――長く分権改革を先導されてきた先生から見れば、改正自治法の最大の問題点は分権改革に逆行している点だと思うのですが、いかがですか。

小早川　はい。やはり、１９９９年の分権一括法成立後の地方自治法の基本スキームを改変している点ですね。

——基本スキームというのは、どういうものですか。

小早川　99年改革で2000年に施行された現在の地方自治法の基本スキームは、自治事務と法定受託事務を分けることで、国と地方それぞれの立場が両立するように調整しています。自治体の事務にするものの中でも、特に国の側が具体的な指示をする必要が見込まれるものは、法定受託事務にしました。

だけど今回の改正法は、どんな事態なのかが想定されていないので、国の指示の対象が自治事務なのか、法定受託事務なのかの区別を踏まえていない、区別を踏まえられないわけです。

事務として具体的に見えてないものに対して、「こういうことが必要だから、こういう措置を取れ」と指示をする。で、指示された措置を行う事務は、あらかじめ法定受託事務とされているのでなければ、自治事務です。そうなると、それはある意味、指示がされるたびに自治事務の義務付けが生ずるみたいなことになるわけです。そういうものが、限定なしに出てくる可能性があるということになる。

——自治体に「これをやれ」と指示した段階で、それは法定受託事務になるのではないのですか。指示した段階で、今までは自治事務だったけれど、指示したことで法定受託事務になるという解釈ではないのですか。

小早川　いやいや、法定受託事務はそれを法定受託事務にするという法律の規定があることが要件です。だから、基本スキームとして、法定受託事務の範囲というのは国会が法律できちんと認めたものでなければダメです、ということにしてある。

おっしゃるように、国の指示が必要になるようなものは、性質上、法定受託事務であるべきだと言われれば、それはそうなのですけれど、指示されればそのまま法定受託事務になってしまうということではありません。

自治事務と法定受託事務との区別は、99年改革の基本スキームの中の、かなり硬い区別であり、自治体への国の指示を許容するかどうかの基準となるものです。もっとも、自治事務に関して法律で国の指示を規定することが全く許容されないというのではなく、例外も認められているのですが、しかし、それには前提があります。

——どんな例外や前提があるのですか。

小早川　一般に国の指示に関しては、まず、その要件を含めて法律で定めること、自治体の自主性に配慮し必要最小限度にとどめることとされ、そのうえで、自治事務とするには相応しくないとしてあらかじめ仕分けされた事務、つまり法定受託事務に関してのみ認めることを原則としますが、例外として、「国民の生命、身体又は財産の保護のため緊急に自治事務の的確な処理を確保する必要がある場合等特に必要と認められる場合」には、その場合に限ってその種の規定も許容するとされているわけです。

ですから、そのような例外を立法で規定するのであれば、そこでは、何か一定種類の事務に関して、それ自体が法定受託事務とされてはいないけれども一定の場面においては例外的に国の指示が必要となりうるという判断があるはずです。したがって、少なくとも、それが適用される一定の場面と一定の事務がそれぞれいかなるものであるかを明示し、さらに、「その事務の的確な処理」を「緊急に」確保することが必要な状況なのだと言えるだけの何らかの要件を掲げて、国の指示を規定するというものであるべきです。

しかし、今回の条文はそれが足りません。その結果、すでに法律で定められている法定受託事務以外でも十分な限定なしに国の側の広い裁量で一定の事務処理を指示できることになってしまいます。それは、また、新たな事務の義務付け、しかも、区分としては自治事務だけれども実質は法定受託事務と変わらないような新たな事務の義務付けともなりうるわけです。こうしたことは、これまでの基本スキームをかなりの程度改変するものだと思います。

――先生の指摘された基本スキーム、自治事務と法定受託事務の仕分けこそ、分権改革の成果だと言われているものではないですか。

小早川　法定受託事務ができたことを分権改革の成果と呼ぶかどうかはともかく、自治事務と法定受託事務の両方の仕切りをきちんと決めて、それぞれ扱いは別にする、指示みたいな話はできるだけ法定受託事務の枠組みで行う、としたはずなのですが、その仕切りがかいくぐられてしまう、ということですね。

――先生が苦労をされた「義務付け、枠づけ」を外す作業は、自治事務と法定受託事を切り分けた基本スキームを徹底させていくために必須だったと思います。そういう意味で、長年の分権改革の成果が完全にコケにされているわけではありませんか。改正自治法は分権改革に逆行している、とお怒りにはならないのですか。

小早川　うん、まあ、完全にとは言いませんが、コケにされかねないというか、そういう感じがしないではないですね。

未完の分権改革をどうする

――今回の改正自治法に対し、地方六団体が「まあ国がやるなら仕方ないんじゃないか」みたいな対応だった印象が強いです。「分権改革に逆行する」と、もっと厳しく対応してもいいように思えたのですが。

小早川　分権改革の基本方向、基本理念というか、基本路線が軽んじられている印象はあるので、全国知事会などがどこまで真剣に考えていたのか、というのは気にはなります。だけど、あのコロナ禍で、あれだけ混乱したのだから、何か対応が必要だと言われると、「いや、そんなものは要らない」とは、なかなか言いにくいのではないですか。

国会審議で総務相から自治の一般ルールは大事にしていますと言われると、それ以上に反抗的態度をとるということは、なかなかエネルギーの要ることだと思います。

――確かに大臣は繰り返し一般ルール、先生の指摘された基本スキームは維持していると答弁していましたが、どう見ても不誠実な偽りだと思いましたけど。

小早川　不誠実かどうかはともかく、そこを押し返すにはエネルギーが必要なので、今の自治体、特に知事会などは、そういうエネルギーが落ちているのかな、という気はしましたね。もちろん分権の旗を下ろしているわけではないし、知事会もいろいろやってはいるが、国に対して頑張って盾つくという点では、どうなのかな。

そこは知事さんたちだけを責めてもしょうがないでしょう。もともと分権改革が進んだ

1990年代から2000年代初頭、あのころの知事さんたちはエネルギーがありました。それに、知事や市長や議員などのリーダーだけではなく、現場の自治体職員にもやる気がありましたよ、あのころは。それで、ジャーナリズムとか学界は、それはいいことなので、自治体関係者のみなさんがそれほどまでに本気でおっしゃるのであれば是非、と乗っかる形だったのではないでしょうか。

——いまや分権改革といえば、提案募集方式みたない言われ方をしていますが。

小早川　あの提案募集というやり方は、それはそれで大変に意味のあることなのです。ただ、あれが分権改革なのかというと、地方分権改革有識者会議のもとでやっている形ではありますが、分権改革そのものではありません。むしろ、分権改革の結果、あのような国と地方のすり合わせが可能になった、それを、これからも続けていこうという話なのです。

分権改革は「未完の改革」といわれれば、それはそうですよね。「未完だ」と言われた西尾勝先生も「すぐには続きは来ないだろう」とおっしゃっていたし、その通りになっているのですけどね。

——たとえば、国と地方の協議の場などもできましたが、形骸化してしまっています。当初はもっと国と地方はちゃんと協議していこうよって言っていたのではありませんか。

小早川　私は、具体的なことはあまり期待していませんでした。提案募集みたいなところでは、こんなものが分権改革かと言われながらも、コツコツと現場の改善は進んでいるわけです。だからそういう動きをしっかり総括し維持強化していかないといけないとは思っています。もし、そこで国の側がやる気を無くして、そっぽを向いたりなどしたときに、「そういう話じゃなかっただろう」というのが、まさに国と地方の協議の場なのだと思います。だから、国と地方の協議の場で政策転換がバーンと出てくるとは、私は期待していませんでした。

ただ、自治体側、特に知事さんたちのレベルで、本当に「未完の改革」の部分をどうやっていくのか、どこがどのように未完でそれをどうするつもりなのか、それを本気で模索し、議論していくという雰囲気が、あるのかないのか。知事会が動かなければ、未完の部分は動かないでしょう、そう思っています。

北川正恭さんインタビュー

自己決定と自己責任の覚悟はどこへ

国も地方もいかがなものか

――今回の改正自治法に異論を唱えている、とお聞きしました。その理由は何ですか。

北川　憲法の自治の本旨からいくと、地域のことは、その地域が自ら決めるという高い志がなければいけない。自分たちの手で自己決定して、自己責任を負うという固い決意がなければいけない。今回の改正法で、その根幹が揺らいでいます。

――「国の指示権」が創設されたことで、自治の本旨が揺らぐというご指摘ですね。その趣旨を分権改革の現場を知る北川さんに、お話しいただこうと思います。ただ、分権改革そのものの影が薄い現在、改革の意義から論じてください。まずは一つの起点だった地方分権推進の国会決議（注1）のいきさつから、お聞きします。

北川　1993年の国会決議ですね。当時を振り返ると、1970年代の田中角栄から

80年代のリクルートなど、いろんな事件があって政治改革の必要性がずっと叫ばれ続けていました。一方で、経済のグローバル化が進むなか、この国の構造改革をしなければいけない、いつまでも官主導で良いわけがないという議論もあり、国の成り立ちである司法、立法、行政の構造的な転換を図らなければならないという話になっていたわけです。

そこに通底していたのが「成長から成熟へ」であり、従来のように国が中心で地方が従のままではダメだという考え方、つまり「集権から分権へ」でした。

そうしたなか、自治省の職員とか東大の西尾勝教授らが頑張って、今までのいろんな地方分権の運動を体系化しようということになり、それが分権推進の国会決議につながりま

北川　正恭
早稲田大学名誉教授

（きたがわ・まさやす）1944年生まれ。

早稲田大学名誉教授、早稲田大学マニフェスト研究所顧問。

1972年から三重県議会議員、連続3期。83年衆議院議員に初当選、連続4期。95年から三重県知事、2期。

知事時代は「生活者起点」を掲げ、ゼロベースで事業を評価し、改革を進める「事業評価システム」や情報公開を進め、地方分権の旗を振る。達成目標、手段、財源を住民に約束する「マニフェスト」を提言した。

2003年4月より早稲田大学政治経済学術院教授。15年退任。

した。

――熊本県知事だった細川護熙さんが日本新党を立ちあげ、分権を掲げて国政に乗り出してきた時期で、その勢いに影響されたと記憶していますが。

北川　そのあたりの因果関係、連続性はよく知りませんが、そういう流れはあったと思います。細川さんらが著した『鄙の論理』のね。ただ、私が驚いたのは決議を衆議院、参議院とも全会一致で通したことです。ああ、これで構造転換が進むという、その第一歩を衆院本会議場で目の当たりにして感激しましたね。

政治改革と分権改革は同一線上

――北川さんは国会決議の旗振り役だったのですか。

北川　応援隊でしたが、外野席ですよ。あのころは自治省出身の参議院議員の久世公堯さんとかが頑張っていて、私は主役ではなく、バイプレイヤーでした。それでも懸命に応援したのは、国会議員も中央官僚も、自分の権限をはく奪されるので、内心は決議などしたくない連中がいっぱいいたからです。

私は時代を転換させるんだ、価値の転換をしなきゃいけないのだ、と政治改革運動と分権改革を一緒の線上に位置づけてと頑張りました。全会一致の国会決議、あれは弥縫策じゃない、改革じゃない、ある意味で革命でしたよ。

――衆院に小選挙区制を導入した政治改革と分権改革は同一線上にあったのですね。

北川　政治改革はスキャンダルまみれの金権政治から脱却し、政策本位の政治、政権交代可能な政治をめざしていました。そのために衆院に小選挙区制を導入したのです。新たな制度で選ばれる国会議員は従来のような地域代表というよりも、もっと広い見地で国政に専念し、政策を論ずべきだという考え方でした。

そんなふうに国会議員が国政にまい進する以上、地域のことは地域に任せるべきだという流れでした。衆院小選挙区の有権者は40万人ほどで、それより多くの有権者を地盤にした首長も増えるわけで、地域のリーダーとして責任を負うためには自治体の権限も財源も拡大しなければならない、だから分権改革を進めようという話でした。

——分権改革は国の構造改革の一環だったわけですね。

北川　そうです。分権という言葉は「官から官へ権限を分けてあげる」という話だけど、本来、自治の本旨からいくと、冒頭に申し上げた通り、地域のことはみずからが決めて、その責任を負うという高い志がなければいけないのです。

その背景には民主主義、自治の本旨とは何かという問いがあります。それは国全体の利益と地方の権利や利益は対等だということです。両者は絶えず対立する可能性がありますが、全体の利益のために地方の権利や利益が奪われてはいけない。そうなることを怖れ、おののくというのが自治なのです。自治を実現するには国と地方が対等の立場で話し合う必要がある。それが民主主義なのだ、という思いがあります。

——あくまで国と自治体は対等だ、と。

北川　そうです。しかし、自治はなかなか難儀なのです。自分たちの手で自己決定して、自己責任をとるには志と覚悟が要ります。そんなことをせずに、今まで通りに「国に言われてやっているのだ」と国に全部、責任を転嫁すれば楽なのですよ。

分権改革によって、自分たちが主体性を持って地域をつくるぞ、という発想の転換をしなければいけない。それがなければ、分権は絵に描いた餅、この国の構造も変わらないという思いが非常に強くありました。

時代が集めた知事たち

——当時の国会や分権改革をとりまく状況は、どんな感じだったのですか。
北川　私は「狂気の時」と呼んでいます。異常だったと思いますよ。長く政権の座にあった自民党には、自分の基盤を捨ててもやろうという気概があったし、私も小選挙区制度で落選しても仕方ないと思っていましたからね。
——北川さんは1995年に三重県知事になりましたが、91年に高知の橋本大二郎さん、93年に宮城の浅野史郎さん、95年に岩手の増田寛也さん、2000年に長野の田中康夫さんらモノ言う知事が次々に生まれました。この5人に共通するのは、みんな前知事の副知事だった相手候補を破って初当選したことです。既存路線の継承ではなく、劇的に地方政治が刷新される印象がありました。
北川　私が知事になった時に、県の幹部職員がマスコミから「北川さんになって大変ですね」と聞かれて、「ええ、黒船襲来ですわ。だから私たちが今までやってきたことを十分にお話しし、ご説明申し上げて、ご理解をいただきたいと思っています」と答えていたんですよ。それを聞いて理解できませんでした。内心では「アホ、ぬかせ。なんで君らの言うこと聞かないかんのか。これまでの県政への県民の不満が新人候補者の当選を呼び込んだのに、そのことに気づいていない」と思っていましたよ。

地方に根深く残っている官優先の発想をひしひしと感じ、その発想を本当に変えないといけない。このままにしていては結局、国とうまくやった方がいいよということになってしまう。そうさせてはならない、そんな戦いでしたね。僕らが分権改革にのめり組んでいって、知事として絶対やってやろうと思ったのは、そこだったんですよ。

――北川さんたちは改革派知事と呼ばれていました。当時、たまたま集まったのでしょうかね。

北川　いや違う。時代が集めたんですよ。時代は我々が作ったという雰囲気もあると思いますよ。だけどもそういう時代だったんだね。そういう時代が我々を作り上げてきた。時代のあだ花だったかどうかは後世の歴史家が決めるんだけど、人と時代の両方とも相俟たないと世の中は動かない。

――そんな時代の波に乗って、2000年の分権一括法による機関委任事務の廃止へと進んだのですね。

北川　機関委任事務の全廃は、国の構造改革の流れの必然でした。あれで国と地方の関係を「上下・主従」から「対等・協力」に変えたのですから。こうした歴史的な経緯を踏まえて、今回の改正自治法を見れば、国もけしからんけれども、地方側にも大きな問題点があります。いかがなものかと思って見ていました。

なぜ、地方六団体は戦わないのか

――自治体側に、どんな問題点がありますか。

北川　地方の自己決定、自己責任の原則を放棄してしまっている点です。個別の法律に基づいての判断ではなく、国の都合で指示権が発動できるのは自治の否定であり、自治の根幹にかかわる大問題です。それを安易に受け入れてしまっています。なぜ地方六団体のトップは問題視しないのか、なぜ大騒ぎしないのか。ここで戦わずして、どこで戦うのかって、本当にそう思います。

――全国知事会は改正法の中身について意見を表明したし、それが国会での附帯決議にも結び付いたという評価をしているのですが。

北川「国に意見を申し上げ、我々の意見も聞いていただけました」、みたいな発言がありましたよね。だけど、国はちっとも聞いてないじゃない。理解いただいたと言うけれど、現実はそうなっていないじゃない。

全国知事会長だった鳥取の平井伸治知事はなかなか立派な方です。高く評価しています。だけど、あの平井さんでさえ、こんな対応なのか、と心配になります。

――知事の中には、「国の指示権」創設に理解を示す人も見受けられました。

北川　根底が狂ってますよ。立ち位置が違ってる。ここは譲ってはいけない本当の根幹だから。国の押し付けも厚かましさも許されないけど、自治体がそれを跳ね返して、自分たちこそが主体的にやるんだという覚悟がなければダメですよ。これでは自治は成り立たない。

分権逆行の象徴としての改正法

――分権の停滞というか、足踏みというか、逆行というか、その象徴として今回の改正自治法があるように見えます。

北川　私もそう思う。だからダメだというのです。分権の国会決議から分権一括法へ向かった、あの「狂気の時」の熱気があったならば、今回の改正自治法を地方六団体は絶対認めない。徹底的に戦ったと思います。それに言わせてもらえば、今回、マスコミはどうだったのですか。

――メディアの対応も鈍かったのは確かです。そこを言われると痛いのですが、最近は政権に露骨にすり寄るメディアもありますから。かつて「闘う知事会」などと幟《のぼり》まで作って国と対峙する姿勢を示した知事会は、国VS地方の構図をわかりやすく示していて記事にしやすかった面もありましたね。

北川　そういう熱気なのですよ。あの時はね、やっぱりマスコミも浮かされていたんです。分権を唱える我々と一緒にシンクロしていたのです。そういうのを見つけ出し、政治の場で具現化してく迫力、ダイナミズムがないと民主主義は変わっていかないのです。

――なぜ、自治体の側がこれほど、ものわかりがよくなったとお考えですか。

北川　個別の具象でいえば、古くは小泉改革ですよ。三位一体の改革（注2）で補助金をカットして、自主財源を増やすなんて言いながら、補助金と地方交付税が大幅にカットされたほどには自主財源は増えなかった。並行して平成の市町村合併もありました。それに今回のパンデミック、コロナ禍でしょう。補助金や交付金をジャブジャブ受け取り、問題が起こったら、あれは厚労省が悪い、国が悪いと言えていた背景があったのではないかと推察しますね。

——結局、補助金や交付金を握る国に、自治体はモノを言いにくい、ということですかね。

北川　それだけではありません。自治体の現状、日常の行政を見て、もっと話を飛躍させて言うと、根っこの部分で執行部と議会が馴れ合いでやっているのが問題なのです。「いやぁ、議員さん、そう言われましても、あれは国からの指示でやったことですから、文句があったら国に言ってください」という言い訳が、お互いに通じる構図が自治の現場にあるのです。

機関委任事務の廃止で通じなくなったはずの構図が、いまだに残っている。国という「お上」の言うことを聞いていればいい、という本質、根幹が変わっていない。そんな現実を、今回の自治法改正で目の当たりにしましたね。二元代表的な執行機関と議決機関が馴れ合っていてはダメだと思いますよ。

——そういえば、分権改革が盛んに議論されていたころ、日本は「お上」の側の水戸黄門が好きだけど、アメリカは西部劇で、保安官は住民みんなで選んでみんなで支えている。「お上」頼みと主体的関与という人々の気質、考え方の違いがよく指摘されていました。

北川　私らのころはロビンフッド、ウィリアムテルですよ。悪代官を、官僚をやっつけるんですよ。それが日本では水戸黄門だとか遠山金四郎だとかが出てきて、「頭が高い」だのなんだのと悪者を黙らせる。官僚が正しいんですよ。国民性の違いなのでしょうねえ。

もう一度、政治改革運動から

――国の指示権を創設した改正自治法は施行されましたが、今後どう対応すべきだと考えますか。

北川　もう一回、きちっと政治改革運動を起こさないといけないのです。最近の自民党の裏金問題を見て思うのは、30年前の政治改革ができていなかったら、もっとひどい状態になっていただろうということです。政治資金規正法ができたから、当時の単位の何十億円が、いまは何千万円に変わったのです。この部分は進化なんですよ。

しかし、どんな改革にも反動があります。安倍内閣では、むしろ中央集権化が進み、国会の中でもその雰囲気が強くなったと思います。それを乗り越えて分権改革を進めていかなければいけない。

――しかし、その改革の旗を誰が振りますかね。かつて自民党には地方自治に理解のある野中広務さんや片山虎之助さんらがいましたよね。自民党で今、自治に関してモノを言う人がいるのでしょうか。

北川　自治・分権が政治の本流から離れてしまっているからね。その典型が今回の自民党の総裁選（注3）と、立憲民主党の代表選（注4）ですよ。候補者の中で、分権がほとんど語られていません。非常に残念です。これは、いったい何じゃと思いますよ。

この点は、マニフェスト研究所が指摘していかなければいけないです。分権を確立しない限り、司法、立法、行政の構造改革は本質的なところで意味はないというのが、20年前に研究所を作った私の設立の趣旨ですから。

――マニフェスト研究所は今年で20年なのですか。

北川　はい、もう20年です。自治を育てるために、それを支える首長・執行部と議会、市民という3つの観点から運動を20年続けてきたのです。裏切られの連続ではあったけれども、確実に進化しているという体感はしています。この運動を続けていますとね、やっぱり民主主義を育てるのは学校教育だと思います。民主主義に対する日々の訓練というのかね、主権者教育ね、これが大事です。

（注1）

【衆院】地方分権の推進に関する決議　平成5（1993）年6月3日

今日、さまざまな問題を発生させている東京への一極集中を排除して、国土の均衡ある発展を図るとともに、国民が待望するゆとりと豊かさを実感できる社会をつくり上げていくために、地方公共団体の果たすべき役割に国民の強い期待が寄せられており、中央集権的行政のあり方を問い直し、地方分権のより一層の推進を望む声は大きな流れとなっている。

このような国民の期待に応え、国と地方との役割を見直し、国から地方への権限移譲、地方税財源の充実強化等地方公共団体の自主性、自律性の強化を図り、二十一世紀に向けた時代にふさわしい地方自治を確立することが現下の急務である。

したがって、地方分権を積極的に推進するための法制定をはじめ、抜本的な施策を総力をあげて断行していくべきである。

右決議する。

【参院】地方分権の推進に関する決議　平成5（1993）年6月4日

今日、さまざまな問題を発生させている東京への一極集中を排除し、国土の均衡ある発展を図るとともに、国民が等しくゆとりと豊かさを実感できる社会を実現していくために、地方公共団体の果たすべき役割に国民の強い期待が寄せられており、中央集権的行政のあり方を問い直し、地方分権のより一層の推進を望む声は大きな流れとなっている。

このような国民の期待に応え、国と地方の役割を見直し、国から地方への権限移譲、地方税財源の充実強化等地方公共団体の自主性、自律性の強化を図り、二十一世紀にふさわしい地方自治を確立することが現下の急務である。

したがって、地方分権を積極的に推進するための法制定をはじめ、抜本的な施策を総力をあげて断行していくべきである。

右決議する。

（注2）「三位一体の改革」とは、「地方にできることは地方に」という理念の下、国の関与を縮小し、地方の権限・責任を拡大して、地方分権を一層推進することをめざし、国庫補助負担金改革、税源移譲、地方交付税の見直しの3つを一体として行うとされた改革のこと。このうちの税源移譲とは、納税者（国民）が国へ納める国税を減らし、都道府県や市町村に納める地方税を増やすことで、国から地方へ税源を移すとされ、累次の「経済財政運営と構造改革に関する基本方針」や「三位一体の改革について」（2005年11月30日政府・与党合意）などの決定を経て、2006年度の税制改正において、国から地方へ3兆円の税源移譲が実現した。

だが、一方で国庫補助負担金は4兆7000億円を、地方交付税は5兆1000億円規模で削減したため、税源移譲3兆円を大きく上回る国の支出がカットされる事態となり、疲弊する地域をさらに疲弊させる結果を招いた。

（注3）自民党総裁選（2024年9月12日告示、同27日投開票）。候補者（届け出順）高市早苗、小林鷹之、林芳正、小泉進次郎、上川陽子、加藤勝信、河野太郎、石破茂、茂木敏充の9氏。石破氏が当選。

（注4）立憲民主党代表選（2024年9月7日告示、同23日投開票。候補者（届け出順）野田佳彦、枝野幸男、泉健太、吉田晴美の4氏。野田氏が当選。

松本克夫さん寄稿

地方自治法改正批判

「上下・主従」への逆戻りか

コロナ禍の真っ最中、私が編集に携っていた地域づくり情報誌には、各地から近況を知らせる便りがたくさん届いた。その中に長野県泰阜《やすおか》村の前村長の松島貞治さんからのこんな便りがあった。安倍晋三首相が全国一斉の学校休校を発表した当時、同村が属する下伊那郡に感染者は1人もいなかった。香川県や大阪府と同じ面積を持ちながら人口は約17万人。「広大な地域で、しかも人口密度も低い」のに、全国一斉の学校休校の対象になった。

松島さんは、泰阜村は「学校も少人数で休校する理由が分からない。村立学校の休校判断は、村にあるべき」と思った。泰阜村はかつて国策に従って１１００人余りの「満州移民」を送り出し、敗戦による逃避行で６８０人余の犠牲者を出した歴史がある。松島さんは、この歴史から学んだ「国策は国民を幸せにするとは限らない」という教訓がコロナ禍でよみがえったという。

情報誌が北海道の町村長有志とオンラインで結んで座談会を催した際にも、国の方針に沿って一斉休校に努めてはきたものの、「全国で一斉休校したことは大いに疑問です。人口密度が全く違う環境下で同じ対応は必要ないと思います」という声があった。急な要請により各地で混乱したせいか、一斉休校の評判はさんざんである。それでも感染の広がりを抑える効果があったのならともかく、新型コロナ対応民間臨時調査会（委員長・小林喜光元三菱ケミカルホールディングス会長）がまとめた調査・検証報告書でも「一斉休校は疫学的にはほとんど意味がなかった」といった専門家の見解を載せている。

松本 克夫
ジャーナリスト

（まつもと・よしお）1946年群馬県富岡市生まれ。日本経済新聞社に入り、政治・経済・産業の各部の記者、和歌山支局長、熊本支局長、論説委員兼編集委員などを経て、2006年に退職、フリーのジャーナリストに。2009年から3年間、総務省地方財政審議会委員。日本自治学会理事、全国町村会道州制と町村に関する研究会委員、全国町村議会議長会表彰審査会委員などを務めた。

著書に『風の記憶　自治の原点を求めて』（ぎょうせい）など。

安倍首相の一斉休校は要請にすぎなかったから、各教育委員会は要請に従わないという選択をすることも可能だった。しかし、新設された地方自治法の一般ルールに基づく国の指示であれば従わないわけにはいかない。一斉休校が国の指示だったとしたら、混乱は一層増していたかもしれない。

ところが、第33次地方制度調査会の委員を務め、新ルールの制定に尽力した牧原出・東大先端科学技術研究センター教授は、国の指示を可能にする規定がなかったことこそが問題だと指摘する。牧原氏は、「安倍晋三首相が全国に一斉休校を要請しましたが、私は、国があゝいう法的根拠のない指示を二度としてはいけないと問題意識を持っていました」「国の指示に関する規定がない。それが、制約のない非合理的な判断につながることが、コロナ禍で明らかになりました」「今回の地方自治法改正案の指示権は、非常時の政権に歯止めをかける規定です」「一斉休校の時にこの規定があれば、官邸内で『やりすぎじゃないか』と考え直す根拠になったと思います」という（注1）。

新ルールの国の指示には閣議決定を経るといった手続き規定があるから、首相の独断でいきなりというわけにはいかないにしても、法的根拠があれば「非合理的な判断」が「合理的判断」に改められるとは思えないし、果たしてどれだけ歯止めになるか。むしろ権力者がリーダーシップを発揮している姿勢を見せつけるために指示権を振り回したい誘惑に駆られる危険の方が強いのではないか。

コロナ禍対応では、一斉休校以外にも個別法が想定していない事態が起きた。感染者が700人を超えたクルーズ船「ダイヤモンド・プリンセス号」の事件では、地元の横浜市や神奈川県だけでは患者を収容しきれず、多数の都府県に搬送するしかなかった。国が調整に乗り出したものの、法的根拠はあいまいだった。２０２０年4月の最初の緊急事態宣言では、営業自粛の対象を巡って国と東京都との対立があったし、その後も緊急事態宣言やまん延防止等重点措置の発動を巡っては、国と都道府県との間がぎくしゃくする場面が目に付いた。

医療資源が不足した地域にほかの地域から人材を応援派遣するための調整が必要になったこともあった。「国の指示」の創設はこうした経験を踏まえたものとされているが、政府部内には個別の事例の反省とは別に、コロナ禍を好機と見て、この際「地方分権改革の行き過ぎ」あるいは「地方分権の弱点」と思われるものを解消しようという思惑が働いたように見える。

第33次地制調の審議では当初、「非平時」という日本語としてはこなれない違和感のある表現が使われていたが、世の中の事象を「平時」とそれ以外の「非平時」の二つに分け、「平時」はいわば「分権ルール」、「非平時」は「集権ルール」と住み分ける狙いからすれば「非平時」は都合のいい表現だったのだろう。

地制調で国の指示が「補充的指示」という表現で審議され始めたのは23年6月の第15回専門小委員会からだが、当日、配付された資料には、「各危機管理法制において、一定の要件の下、国は地方公共団体に対し必要な指示ができるとされていることを踏まえ、非平時の国・地方関係等の一般ルールとして、一定の要件の下、的確かつ迅速な対応を実施するために必要な地方公共団体への指示について定める必要性について、どう考えるか」「その行使を可能とする手続きについて、どう考えるか」という問いかけがある。すでにこの時点で一般ルールの創設が既定路線であるかのようにも受け取れる。

議論の参考として資料に載せている「主な意見」の中には、「地方分権改革が非平時対応における失敗の原因ではないかという指摘がある」、「将来、地方制度の見直しをしなかったから非平時において問題が生じた、地方自治というのは非平時対応に支障がある仕組みではないかという批判に備え、議論しておく必要があるのではないか」、「非平時における取組として、地方自治法という一般ルールの中で規定しておくべきことは規定しておくという考え方もあるのではないか」という地方分権改革批判に備えて一般ルール創設推進へと誘導する意見が並べられている。

その際、地方分権改革がどういう意味で非平時対応の失敗の原因であり、地方自治がどうして非平時対応に支障がある仕組みなのか説明はない。

ただ、一方では、「都道府県の区域を越えた患者の移送・人材確保の必要が生じたことや保健所設置市区単位で効率的な病床配分ができない状態が生じたこと等の様々な課題に直面し、それぞれ国や都道府県によって運用上の対応が採られたほか、それを踏まえた個別法の改正による対応が行われた」という事実経過の記述があるほか、別の資料では「個別法が想定していない事態が生じた場合であっても、個別法を拡張的に適用する、又は迅速な法改正により必要な規定を整備するという対応をとることが現実的ではないか」という個別法の改正優先の考え方も載せている。

もともとあらゆる事態を想定した個別法の制定など困難だとしたら、新たな事態に直面する度に必要な個別法の手直しをしていくのが常道であろう。しかし、その後の議論は一般ルール創設へと一気に傾斜して行ったように見える。

１９９０年代の第一次地方分権改革によって機関委任事務が廃止され、国と地方は「上下・主従」ではなく、「対等・協力」の関係とされた。機関委任事務の時代なら、国は通達などにより一方的に地方に指示を出していれば済んだ。「対等」となれば、法令の解釈などを巡ってあつれきが生じることもあり得る。

第一次分権改革では、国と地方が対立した場合に備えて国地方係争処理委員会という場を用意しておいた。分権改革を担った有識者は、地方分権が実のあるものになったかどうかは係争処理制度がどれだけ頻繁に使われるようになったかが判断の目安の一つになると見ていた。

ところが、沖縄の辺野古米軍基地建設を巡る沖縄県と国の係争が何回か同委員会に持ち込まれた以外では、同委員会での係争処理は20年余りの間に数件しかない。あえて国と事を構える勇気ある自治体は少なく、同委員会はほとんど開店休業状態である。分権改革によって、国が地方の抵抗に手を焼いた場面はほとんどないのである。

「地方分権改革が非平時対応における失敗の原因」や「地方自治は非平時対応に支障がある仕組み」とは、いったい誰がどこでどういう事例を基に発言したものなのか。災害時には市町村が真っ先に対応するのに、地方自治が「非平時対応に支障がある」とはどういうことか。想定外の事態に直面したら、国と地方との調整といった面倒な作業は避け、国の指示により一気に「的確かつ迅速に」突き進めばいいと効率本位に考えるとしたら、自治体を廃止してすべて国の出先機関にするのが最も効率的という極論に行き着きかねない。

「国の指示」は法定受託事務だけではなく、自治事務も対象である。分権改革で設けた関与の一般ルールでは、自治事務は国の指示の対象にしていない。想定外の事態なら、どうして自治事務まで指示の対象にしてしまえるのか。国の指示に従うなら、一時的にしろ、自治事務までが「上下・主従」の機関委任事務に逆戻りしてしまうようなものだ。

そもそも、個別法が想定していない事態が発生したら、即発動すべきなのは国の指示権というのも短絡した議論である。何が起きるかわからない想定外の事態なのに、どうして国の指示権が最も有効だと断言できるのか。妖怪が出るか怪獣が出るか予想もつかないのに、「伝家の宝刀」さえあれば「向かうところ敵なし」と豪語しているようなものだ。

もし、コロナ禍対応の最中、国の指示権があったとしたら、一斉休校以外にどういう場面でどういう指示を出したというのだろう。松島前村長がいうように、国策は何度も誤りをおかしてきた。自治体の試みなら、成功も失敗も限られた地域の範囲で済む。一斉休校のように国策が誤れば、被害は全国に及ぶ。

90年代の第一次分権改革で地方分権推進委員会が各省と激しいやり取りをしていた頃、筆者は分権の標語であるかのように「3000（自治体）の実験は一つの頭脳に優る」という言葉をよく使っていたものだ。各省がいかに優れた人材を集めていたとしても、当時は3000を超えていた市区町村が試みる無数の実験には敵わないという意味である。つまり各自治体の無数の実験の中には必ず国の想定を超えた優れたものがある。それが分権型社会の集権型社会に対する優位性である。地方の知恵を借りない手はない。

実際、コロナ禍対応でも、自治体の先駆的な試みが国をリードした場面は少なからずあった。国がPCR検査の拡大を渋る中、和歌山県は県内の病院で集団感染が起きた際、大阪府の協力を得て、病院内の全員とその濃厚接触者のPCR検査を実施し、感染をいち早く終息させることに成功した。早期発見、早期隔離・入院、徹底した行動履歴調査は「和歌山方式」と呼ばれるようになる。福井県は、県庁内に入院コーディネートセンターを設置して、感染者の入院調整を一本化するとともに、無症状や軽症の感染者用にホテルを借り上げ、いち早く宿泊療養施設を開設した。山梨県は、飲食店を対象に「やまなしグリーン・ゾーン認証」を創設した。専門家ら第三者によるチェックで認められると、酒類の提供を含め通常の営業が可能となる仕組みで、国の事業のモデルにもなった。（注2）

実際には、個別法の想定を超える事態では、国と自治体が対立する場面が少なくないのではと予想される。しかし、「対等・協力」ではなく、「上下・主従」の関係に逆戻りした「非平時」の場で争えば、指示権という切り札を持つ国が圧倒的に優位だから、対等の論争にはなりそうもない。想定外の事態が発生したら、即国の指示ではなく、即国と地方の協議の場という選択もあり得る。

全国知事会は「国が地方公共団体に一方的に指示するのではなく、地方公共団体が現場の実情や必要な施策を国に伝え、国の施策立案に反映させる仕組みを構築するなど、双方向のコミュニケーションにより国と地方公共団体が補完し合うような制度とすべき」「閣議決定前に国と地方の協議を行う仕組みとすべき」などと提案している。地方との話し合いを打ち切って、国が一方的に裁断してしまったら、その後の議論の進展はない。緊急の際には間に合わないという指摘もあるが、オンラインでいつでもどこでも話し合える時代である。話し合いの場を閉ざすべきではない。

「平時」と「非平時」の境界もあいまいだし、「非平時」がいつまで続くのかも定かではない。改正した条文では、「非平時」の表現は避け、「国民の安全に重大な影響を及ぼす事態」が発生した場合となっているが、「発生するおそれがある場合」も含むから、解釈次第で境界は揺れ動く。

おとぎ話風にいえば、「光の国」は徐々に「闇の国」に覆われていくかもしれない。「非平時」のルールがいつ適用されるか不安を抱える自治体は国の意向に沿わない行動を自粛するかもしれない。想定外の事態に対処するための「伝家の宝刀」は、抜かないままに自治体を委縮させる「宝刀」になりかねない。

（注1）24年5月18日付け朝日新聞「耕論」欄
（注2）鎌田司「コロナ対策は集権か分権か」（『自治総研』21年12月号所収）

小原隆治さん国会参考人質疑（抄録）

自治法が自治法を自己否定している

既存法制で対応は可能だった

（注）本稿は、２０２４年6月11日参議院総務委員会で小原が参考人として行った意見陳述と質疑応答の記録を国会会議録検索システムにより取り出し（https://kokkai.ndl.go.jp/#/detail?minId=121314601X01820240611&current=1）、小原の発言に関して、一部言い間違いをあらため、正確を期し、また、より読みやすく、趣旨をわかりやすくする観点から適宜修正を施したものである。

はじめに：問題の限定

早稲田大学の小原でございます。おはようございます。本日はお招きいただきまして、ありがとうございます。国権の最高機関である国会でこのような意見陳述の機会を与えていただいたことを大変光栄に存じております。お手元に資料（P80、81）をお配りしています。それに沿ってお話をさせていただきます。

今回のアウトラインは、「はじめに」から「おわりに」まででお示ししているとおりです。最初に、問題の限定ということですが、地方自治法改正には3本柱があると言われておりますけれども、その中でも特例的な関与、新設の第14章の中で規定されておりますいわゆる重大事態における補充的な指示あるいは指示権の新設に関して、その問題点を申し上げたいと思います。

1　地方自治の本旨

最初に、一番、地方自治の本旨と書きました。しばしば、１９９９年公布、翌２０００年施行の地方分権一括法にいろいろな方々が言及されておりますけれども、私はもっと遡りまして１９４７年5月3日に同時に施行されました日本国憲法と地方自治法、その憲法第92条と地方自治法第1条でうたわれた地方自治の本旨について触れておきたいと思います。

憲法第92条は言うまでもなく、地方公共団体の組織及び運営に関する事項は、地方自治の本旨に基づいて、法律でこれを定めるということです。それは、英文表記で言いますと、ザ・プリンシプル・オブ・ローカルオートノミー（the principle of local autonomy）ということでございますが、この第92条に関しましては、いわゆるマッカーサー草案には元々なかったもので、日本側のイニシアチブで作られたということがはっきりしています。

中でも、中心人物は、元々戦前の内務官僚で、その後、法制官僚として法制局長官までお務めになった佐藤達夫さんです。言わば総務省、自治省の大先輩に当たる方ですが、その方がこれは私が入れましたということをおっしゃっています。

小原隆治
早稲田大学政治経済学術院 教授

（こはら・たかはる）1959年生まれ。

早稲田大学政治経済学術院教授（地方自治）、1990年早稲田大学大学院政治学研究科博士課程単位取得退学。成蹊大学法学部教授を経て現職。

主な著作 『これでいいのか平成の大合併』（編著、コモンズ、03年）、『平成大合併と広域連合』（共編、公人社、07年）、『新しい公共と自治の現場』（共編、コモンズ、11年）、『震災後の自治体ガバナンス』（共編、東洋経済新報社、2015年）など。

その地方自治の本旨に関して、しばしば教科書では団体自治と住民自治から構成されるという具合に説明されるわけですけれども、しかし、佐藤達夫さんが元々のローカルオートノミーについて理解し、そしてその入れ込んだ原義を考えてみますと、それは、国は自治体に対して不要・不急・不当な介入をすべきではないということです。俗に言いますと、余計なお節介をしてはいけない、ハンズオフということ。手を出してはいけない、手を出していたらその余計な手は引っ込めなさいということ。手を引けというのがローカルオートノミーの原義でございます。教科書の言葉に倣って言いますと、団体自治と住民自治の中の団体自治に専ら軸足を置いた表現がローカルオートノミー、地方自治の本旨ということです。そして、それを受けて、地方自治法第1条は、この法律は地方自治の本旨に基づくのだという理念を高らかにうたっております。

私は、新設第14章の補充的な指示権は、国が自治体に対して言わば余計なお節介をする、その道を開くものだという認識をしています。地方自治法第1条でうたいながら、新14章で地方自治の本旨を否定する。つまり地方自治法自体が地方自治法を自己否定しているということに当たるのではないか。そのような懸念を強く持つものです。

2　災害法制に欠けるところはあるか

続いて、2番、災害法制に欠けるところはあるかというところに移ります。

今、憲法第92条のいわゆる地方自治の本旨条項について触れましたけれども、憲法の中で第92条だけがそびえ立って唯一無二の原理というわけではもちろんなくて、様々な原理、プリンシプルズ（principles）が置かれています。その中でも最も重要と言ってよろしいものが憲法第13条、すべて国民は個人として尊重される、生命、自由、幸福追求権は最大の尊重を必要とするというところです。

その生命、自由、幸福追求の第一番目にうたわれた生命の危機ということがある場合に分権、分権とばかりは言っていられない。その意味で私は決して分権原理主義というわけではなくて、様々な原理のバランスの中で分権を考えることが重要だというふうに思っております。

そこで、生命を守るための災害法制がいったいどういう立て付けになっているかということを考えてみたいと思います。

お配りした資料には災害対策基本法から検疫法までの法律のメニューが並べられております。ここに武力攻撃事態対処法ですとか国民保護法ですとか、そうしたものも入れた方がよかったのかもしれませんが、地方制度調査会の議論は、基本的にはコロナ感染が拡大する中でのその対応にいかなる問題がありやなしやということで進められましたので、そこで比較的コロナ対策に関連深いものを中心に並べております。その中で、原子力災害対策特別措置法だけが少し異例なはまり方をしているように見えるかと思いますけれども、なぜそれを入れてあるかということはすぐ後に申し上げます。

さて、こうして並べた中で、災害対策基本法が市町村中心、そして自治事務中心、さらに検疫法はその一方の端で国の直営事務のみということです。その中に様々なグラデーションがあって、その数直線の中にいろいろはまっているわけですが、今回のコロナ感染拡大に対する対応策の最も中心になったものの一つは、新型インフルエンザ特措法です。

では、その新型インフルエンザ特措法が国の関与が利かない、グリップが利かない仕組みになっていたかどうかを眺めてみますと、これははっきりしています。新型インフル特措法は、政府対策本部の設置をはじめ、国の直営事務が書かれているほかに、自治体が行う事務はほとんど全く法定受託事務です。法定受託事務というのは、自治事務と異なって、是正の指示、さらに必要があれば、辺野古の埋立てのように代執行までできるという、非常に国のグリップが利く、強い関与が利く仕組みです。

僅かに自治事務として残されているものも、同法の第74条を御覧いただければ分かりますけれども、警察所管の事務でございます。警察所管の事務というのはほとんどが自治事務であって、しかし警察は集権的な体制の中で動くようになっていますから、まとめて言いますと、新型インフル特措法は相当に集権的なグリップが利く法律であったということです。やろうと思えばいろんなことができたということです。

では、災害対策基本法などのように自治事務中心、市町村第一主義の場合には国のグリップが利かないかというと、そういうわけでもない。そこで挙げたいのが原子力災害対策特別措置法の例です。

今から13年前になりますけれども、東日本大震災のときに東京電力福島第一原発が事故を起こして、そして周辺の立地市町村で避難をしたということがありました。そのときに、同法に基づいて、時の菅直人内閣総理大臣でございますけれども、原子力災害対策本部長が避難指示を出したという形でした。さあ、逃げなさいということですが、実際は、周辺立地市町村の住民に対して内閣総理大臣が避難せよという指示を直接出したわけではありません。避難指示の権限は地元の市町村長にあります。内閣総理大臣が出した指示は、その避難指示を出すべしという指示を市町村長に出したということです。

しかも、その指示というのは、多分法律によってグラデーションがあると思うのですが、強制力を伴っていません。基本的にお願いベースのものです。つづめて言うと、内閣総理大臣が避難指示を出したらどうかというお願いをし、市町村長がそれを受けて避難指示を出して一斉に逃げたということです。

つまり、お願いベースであっても、当時の状況の中で避難をするということが合理的であり、それに従うべしということに説得力があるから逃げたのであって、自治事務であっても科学的、合理的な説得力があれば国の指示に十分従うということです。

そこで、小括でございますが、今既存の災害法制が分権的な立て付けになっていて、それだから機能不全を起こしてコロナ対策がうまくいかなかったのだということではない。既に十分集権的な要素があったにもかかわらず、それを上手に使いこなすことができなかったのでうまくいかなかった。そういうことであるのに、あたかも法制の立て付けが悪いからそこに課題があるのだというふうに問題を落とし込んでいっているのが、今回の地方自治法改正の最大の問題点ではなかろうかと思います。

3　政治のリーダーシップ

　3番目、政治のリーダーシップというところに移ります。いや、そうはいっても様々なことは起こり得るから、どういうことがあってもいいように、一般法のレベルで、いざというときに備えて補充的な指示ということを用意しておいた方がいい。こういう議論はあるわけですけれども、それに対して私は、政治のリーダーシップで対応すればよいのではないかと考えます。

　政治のリーダーシップというのは、選挙で洗礼を受けて、国会で内閣首班指名という洗礼を更に受けて、正統性を持った内閣総理大臣に最終的には集約されますが、首相がリーダーシップを取って、いざというときには対応し、しかしそこに私権制限の要素がある場合には、追いかけて法令をきちんと整備していくということでよろしいのではないか。それは政治のフリーハンドがここまではあるという問題ではなかろうかと思います。

　そこで、英国ロックダウンの例をあげて説明します。当時のボリス・ジョンソン首相が出演してBBCで行った放送のその写真も付けて委員の皆様にお配りしています。

　実は、ボリス・ジョンソン首相は、最初、厳しい規制を置くことに関してかなり抑制的、弱腰、逃げ腰の姿勢であったわけですが、イギリスの中でインペリアル・カレッジ・ロンドンという感染症医療関係では最も権威があると言われている大学の専門家研究チームが2020年3月16日にレポート第9号を出します。そこで、様々なシミュレーションを置いて、このままロックダウンせずに放置した場合にはイギリス国内で50万程度の死亡者が出ると、こうしたことを科学的、合理的な根拠に基づいて指摘し、警鐘を鳴らします。もちろん全てのことが分かっているわけではありませんので、後々それが正しかった、完全に正しかったというわけではありません。

しかし当時、その報告書が大きな機縁になって、ジョンソン首相が動き出し、そして、3月23日20時30分からＢＢＣ放送で、コロナウイルスは最悪・最大の脅威であるからステイホームだということを一生懸命訴えました。首相自らがテレビを通じて国民に訴えるということをしました。私はそのときイギリスにおりましたので、実際その訴えを膝をそろえてテレビの前で緊張しながら聞いておりました。そして、そのすぐ後を追って省令やコロナバイラスアクト（Coronavirus Act 2020）の法令整備をしていくということでした。

その特徴ですが、改めてまとめますと、科学的、合理的で説得力ある知見に依拠して首相自らが説得に当たったということ。それから、国会で議席を占めるレーバー（労働党）、ほかの野党に対して一生懸命説得する。スコットランド、ウェールズ、北アイルランドのファーストミニスターに対して、英国は日本とは別の形で非常に分権体制が進んでいる国でございますけれども、そのファーストミニスター、訳せば首相又は第一大臣に対してコブラ会議（COBRA meeting）といったものを通じて一生懸命説得し、それで合意を取り付けて実施していったということです。

我が国でも安倍晋三首相がリーダーシップを発揮した例がございました。それは、２０２０年２月27日の全国一斉休校要請です。私は、そこにどういう問題があったか、法的根拠が欠けていたことが問題であったのかというとそうではなくて、ジョンソン首相が行ったような科学的、合理的な知見に基づく説得、さらに国政政党の合意の取付け、分権体制での合意の取付け、そういうところが欠けていたことが問題だったのではなかろうかと考えます。法的根拠がなかったことが最大の問題とは思えないということです。マスク配布も同種の問題ということを付け足して書いております。

おわりに：国会関与による歯止め

最後でございます。牧原出先生もいま盛んに御指摘になりました国会関与、それによる歯止めということです。

事前事後の国会の承認あるいは国会への報告によって、補充的な指示が濫用されないように歯止めを掛ける。こうした議論は地方制度調査会の中でも、それから国会に審議が移って、衆議院でも、参議院の先生方の御審議でも続けられております。

なぜ国会の関与をそれほど認めないかということに関して松本剛明総務大臣が主として説明しているのは、地方制度調査会では、機動性に欠ける、そうしたことをしていると緊急事態に対して機動性に欠けた対応しかできないので、国会の関与は要らなくて閣議決定でいいのだと、そういう議論があったということでした。

学者というのは人から聞いたことをうのみにしないのがたちでございますので、それで実際、地方制度調査会でそうした議論があったかということを私は確かめました。

今回の法改正につながる地方制度調査会の議論というのは２０２３年に入ってから始まっておりますので、その1年分の議事録を全て点検いたしましたけれども、機動性に欠けるという言葉そのものが出てきたのは、第20回専門小委員会、10月23日の議事録の２か所。２か所といいますか、山本隆司員長と田中聖也行政課長が、機動性に欠けるという議論だったよね、はい、そうでしたねという、こういうやり取りですので、事実上は一か所です。

念のため、機動性に欠けるというのと同旨の別の表現で議論がなかったかどうかも、それこそ取りこぼしがないように精査してみましたが、まったく見当たりませんでした。つまり、公式記録上は、機動性に欠けるから、だから国会の関与はそれほど要らないのだという議論はなかったに等しいということです。

今回の法改正では、国と自治体の関係だけにとどまらず、国会と官邸、政治と官邸との政官関係で、国会主権をどう担保するかが問われています。本意見陳述の冒頭、国権の最高機関である国会ということを申し上げました。まさにそのソブリンティー・オブ・パーラメント（Sovereignty of Parliament）、国会主権をどう担保するのかが、いま鋭く問われている問題だということを強調したいと思います。

そうした観点から、私は、事後報告にとどめず、事前の承認まで含めて、もう少し深い国会の関与が必要だということを申し上げまして、私の意見陳述とさせていただきます。

御清聴ありがとうございました。

2024年6月11日

参議院総務委員会

地方自治法の一部を改正する法律案

（閣法第31号）（衆議院送付）

早稲田大学政治経済学術院教授

小原隆治《こはらたかはる》

今回意見陳述のアウトライン

はじめに：問題の限定

1. 地方自治の本旨

2. 災害法制に欠けるところはあるか

3. 政治のリーダーシップ

おわりに：国会関与による歯止め

はじめに：問題の限定

・新14章国民の安全に重大な影響を及ぼす事態における国と普通地方公共団体との関係等の特例に限定（以下、国民の安全に～事態は重大事態と略称）

・そのなかでも補充的な指示権の新設に限定

---

1. 地方自治の本旨

・憲法第92条地方自治の本旨the principle of local autonomy
条項は日本側のイニシャティブで創設
（佐藤1954、小原2008）

・教科書通説：団体自治と住民自治

・だが原義は、国はよけいなお節介をするなHands off!の意

・通説の言葉でいえば団体自治に軸足を置いた原則

・地方自治法第1条「この法律は、地方自治の本旨に基いて」

・補充的な指示権はよけいなお節介にあたらないか

・地方自治法による地方自治法の自己否定にならないか

---

2. 災害法制に欠けるところはあるか

・憲法諸原理のバランス：92条と13条など

・「生命」を守るために分権に一定の制約はありうべし

・災害法制は分権的か：自治分権～官治集権のメニュー
▷災害対策基本法：市町村第一主義、自治事務中心
▷原子力災害対策特別措置法：災対法準拠
▷感染症法：自治事務、法定受託事務、国の事務
▷新型インフルエンザ特措法：法定受託事務、国の事務
▷検疫法：国の事務
（津久井2012、原田2022、人見2024、松戸2022）

・新型インフル特措法は相当に国のグリップが効くしくみ

・自治事務中心でもグリップは効く（小原・稲継編著2015）
▷原発事故避難指示の例@2011年東日本大震災時
▷原子力災害対策本部長による避難指示発令の指示
▷その指示を受けた市町村長による避難指示
▷本部長指示に強制力ないが合理的で説得力あり実現

【小括】

・災害法制が分権的だから機能不全は誤解（竹中2020）

・災害法制の運用不全を制度問題に責任転嫁してないか
（今井2024a/b、川上2022、小原2024a/b）

3. 政治のリーダーシップ

・それでも「取りこぼし」心配なら政治のリーダーシップ

・英国ロックダウンの例

▷ Imperial College London専門家チーム報告書に依拠

▷ ジョンソン首相直接の説得 starts at 20:30 on 23 March 2020

出所：BBCニュースのYouTubeサイト https://www.youtube.com/watch?v=vJycNmK7KPk&t=53s による。

▷すぐ後を追って関連省令や国法整備

7

・その特徴

▷科学的、合理的で説得力ある知見に依拠

▷首相自らによる説得

▷野党やスコットランドほかのfirst ministerらと合意形成

・2020年2月27日全国一斉休校要請はなにが問題か

▷法的根拠が欠けていたことか

▷上記特徴が欠けていたことか

▷マスク配布も同種の問題か

（芦田2020、金井2021、小原2020）

8

おわりに：国会関与による歯止め

・事前・事後の国会承認・報告による「お節介」の歯止め

・政府説明「地制調で『機動性に欠ける』の議論」

・第33次地制調小委員会議事録2023年分の点検

▷10月23日第20回専門小委2ヶ所（事実上1ヶ所）だけ

▷山本委員長：答申素案は「その都度、国会での承認等を得るのは、やや機動性に欠ける…というニュアンスで書かれていると思います」（23頁）

▷田中行政課長：御指摘のとおり「一つ一つの権限行使について国会に対する報告を義務づけるということまでですることは、機動性に欠けるのではないかという議論だったと認識をしています」（24頁）

9

・取りこぼさぬよう同旨表現も点検したが他に見当たらず

・つまり公式記録上は「機動性に欠ける」議論ほぼなし

・中央−地方にとどまらず政−官の問題、国会主権の問題

・事後報告にとどまらず事前承認まで検討してはどうか

10

【参考文献】末尾*はコピーを配付。

・芦田　淳（2020）「【イギリス】コロナウイルス関連規則の制定」『外国の立法』284-2号

・今井　照（2024a）「『国の補充的指示』権の法制化について」『自治総研』通巻第545号

・今井　照（2024b）「ポストコロナの地方自治」『月刊自治研』第66巻通巻774号

・金井利之（2021）『コロナ対策禍の国と自治体』ちくま新書

・川上高志（2022）『検証　政治改革』岩波新書

・小原隆治（2008）「自治体政治システムの再検討序説」日本行政学会編『年報行政研究43 分権改革の新展開』ぎょうせい

・小原隆治・稲継裕昭編（2015）『大震災に学ぶ社会科学第2巻　震災後の自治体ガバナンス』東洋経済新報社

・小原隆治（2020）「感染広がる英国からの帰国記　私のコロナ危機体験」『議会と自治体』第270号

・小原隆治（2024a）「分権一括法25年後の地方自治法改正案」『自治総研』通巻第545号*

・小原隆治（2024b）「自治体への萎縮効果強まる」『信濃毎日新聞』2024年5月31日付第3面*

・佐藤達夫（1954）「憲法第八章覚書」自治庁記念論文編集部編『地方自治論文集』地方財務協会

・竹中治堅（2020）『コロナ危機の政治』中公新書

・津久井進（2012）『大災害と法』岩波新書

・原田大樹（2022）「原子力発電と法」大橋洋一編『災害法』有斐閣

・人見　剛（2024）「地方自治法改正案の問題点」『月刊自治研』第66巻通巻775号

・松戸　浩（2022）「防災組織と法」大橋洋一編『災害法』有斐閣

11

参院総務委員会での参考人質疑（抄録）

分権改革、四半世紀の懸念

２０２４年６月11日

○小沢雅仁君（立憲民主・社民）
小原参考人にお伺いします。全く先生おっしゃるとおりだなと本当に強く思った次第です。15分という限られた意見陳述の時間でしたので、改めて先生御指摘の地方自治法による地方自治法の自己否定にならないかというところ、本当にそのとおりだと思いますし、最後の政官の問題、国会主権の問題であるという御指摘は本当にごもっともだと思います。改めてこの点についてもう少し幅広くお考えを聞かせてください

○小原参考人　地方自治の本旨条項という昔々のお話から始めましたが、戦前は国が上であって自治体は下であるということでした。地方自治法の基になっている戦前の法制は市制町村制ですとか府県制、郡制、さらに国が自治体に対して官の監督を加えなければならないということで、地方官官制という勅令もありました。その中で、国が自治体に対して関与をしていく、その表現は監督という言葉でした。監督というのは上下が大前提になっ

ているので、それを使ったわけです。

戦後、憲法が定まり、地方自治法が定まって地方自治の本旨がうたわれて、その中で監督という言葉を変えてまいります。よく皆さん御存じだと思いますが、地方自治法を私が作りましたという具合におっしゃっているのはこれまた自治官僚の大先輩と言っていい鈴木俊一さんで、その鈴木俊一さん、あの優れた官僚であっても、取りこぼし、まさに取りこぼしがあったのか、地方自治法の中に何と「監督」という言葉が1952年の地方自治法改正まで章名に残っていました。それでこれはまずいということで、国と自治体及び自治体相互の「関係」という表現にあらため、そのなかで関与を規定する形に変えたという経緯があります。

そして、その言葉を使って言うならば、今回の地方自治法改正によって、戦前の監督の体制に戻すような、一般法によって授権して、関与ではなくて監督していくようなことになりはしまいかということです。

私が聞き及んでいるところによりますと、総務省の担当局長から関係方面に対し、いや、これはなかなか使うものではございません、補充的な指示は使いませんとご進講があったということです。しかし、そもそも使わないんだったら何で立法するのかということがまずあるし、使わないと言いながら、では脅しを掛けるのか、監督するぞという脅しを掛けるのかということが大変心配です。

自治体に対して国から、自治事務であれば技術的助言、法定受託事務であれば事務処理の基準など、いろいろもう少しソフトな関与の仕方がありますが、それが合理的であれば従う、そうでなければ従わないということであって、今からもう20年近く前の平成の大合併がその一つの例になります。そのときに、全国3千2、3百あった市町村が全部従ったかというと必ずしもそうではなくて、福島県矢祭町の根本良一町長という名物町長、彼は政治的には保守政治家でしたが、彼などは国からしろしろと助言されても、納得できないからしないということでした。

しかし、平成の大合併があり、それに先んじて分権改革があり、それから今まで四半世紀ぐらいたっていますが、その中で、自治体がともすると国の言うことだから聞くしかないのかなという、そういう雰囲気が次第に広がってきているような懸念も覚えます。分権改革から四半世紀で何か後退していることがありはしまいか。その中で監督類似の新14章ができると、確かに使わないかもしれないけれども使うかもしれないという前提で、自治体にますます萎縮効果が生まれてしまうのではないか。それを私は大変恐れています。

そのことも考えますと、国が自治体にこういう関与をしていいのかどうかということを国会が十分内閣に対して、行政に対して、関与してコントロールしていくことが大変重要であって、立法技術的にはそれは国会の関与を承認、報告などでどう担保していくかです。既に一部改正が衆議院でなされているとは思いますが、それで十分かどうかということを是非、参議院で御議論していただきたいと思います。

○小沢雅仁君　全くおっしゃるとおりだと思います。そこで、今回のこの法案、政府が指示権拡大が必要な理由として、大規模な災害、感染症の蔓延などが盛り込まれています。現行法で対応できない事例について、松本総務大臣はこの間の答弁で具体的に想定し得るものはないと明確な説明を避けています。

個別法で具体的な事態を想定できないにもかかわらず、この地方自治法の改正による国の権限拡大は法制定の前提である立法事実がないということだろうと思うのですが、この点についての考え方をお伺いしたい。

○小原参考人　立法事実に関連して地方制度調査会の議論で幾つか例があって、その一つはダイヤモンド・プリンセス号事件です。それから、地制調の議論で立法事実関連では出ていなかったかと記憶しますが、安倍内閣総理大臣による一斉休校の例を先ほど私から出しました。

つまり、今回の法改正で補充的な指示をつくる、さらに、国と自治体の間でかくかくしかじかの情報交換、情報流通をする、そういう制度をつくる。それができたとすると、ではダイヤモンド・プリンセス号事件はどのように打開できたのか。それから一斉休校は、あれに法的根拠があればうまくいったのか。そういう立法事実関係の綿密な検証がない限りは、今回の改正に進んでいいのだろうかということを私は切実に思っています。

緊急事態に間に合わない

○小沢雅仁君　そこで、国による地方公共団体への関与の原則の維持について伺いますが、現行法の関与の原則に基づいて、国の関与は必要最小限度とし、地方公共団体の自主性、自立性に配慮することが重要であると思いますし、また、国から普通地方公共団体への指示を可能とする要件として、この事態に対応する緊急性ということをしっかりと法案の中に明記する必要があるのではないかと思いますが、その点についてお考えをお聞かせください。

○小原参考人　今、小沢委員がおっしゃった後段の点は、補充的な指示を創設するなら、そこに歯止めをかけるという意味ではそのとおりだと思います。さらにその上で、関与の一般類型関連の話をしますと、補充的な指示、先ほどめったに使うものじゃないのに何で設けるんだという話をしましたが、そのめったに使うものではない補充的な指示が発動され、自治体がそれに従わなかった場合にどうなるかということです。幾ら緊急事態であっても、それは一般的な関与の類型の中で、自治事務であれば必要な手続を経た上で最後は違法確認訴訟をしていく。法定受託事務であれば違法確認訴訟もできますが、最後は裁判を通じて代執行をするということになっていきます。

そうすると、もう一刻を争う緊急事態のときに、従わないから、であれば違法確認訴訟をするのか、裁判を経て代執行するのか、そんな悠長なことをやっていられるのか、ということになるわけで、改正法がいうところの「的確かつ迅速な実施」を自治体にさせる最終的な法制上の担保は、実はないということです。そうすると、戻りますが、結局はその指示というのは何のためにするんだろうか、これは脅しだけですかというような議論になってきます。

衆議院総務委員会の議論でも、指示に従わなかった場合どうなるのか、ペナルティーはあるのかないのか、それはありませんという政府の回答でした。そこは改正後の地方自治法でもそのとおりで、これでいったい緊急事態法制なのでしょうかという疑問も私にはあります。
○小沢雅仁君　先ほどの意見陳述で、事前承認まで検討してはどうかという御意見をいただきました。全くそのとおりだと思います。事前にしっかりとその当該地方公共団体と事前に適切な協議、調整を行っていくということが極めて重要だと思いますが、この点についてもう一度御見解をお願いします。
○小原参考人　地方制度調査会で、国会の関与に関して議論はあったものの十分ではなかった。また、機動性に欠けるから国会の関与はスルーしていい、という議論が十分あったわけではないということです。地方制度調査会の委員の中で国会の関与について強い問題意識を持っておられる方は、牧原先生を始めとして何人もいらしたことは分かっていますが、地方制度調査会の中では十分な議論がなかった。それにもかかわらず、国会答弁では、地制調で機動性に欠けるという議論があったのだとして、国会の強い関与を認めないというのは、そもそもでいえば、国権の最高機関としての国会の地位を損ないかねない重大な問題であると認識しています。
○伊藤岳君（共産）　この改正法案において、緊急性を関与の要件にしなくてもいいというような姿勢を総務省の答弁で読めるんですが、この点について、御意見をお伺いしたい。
○小原参考人　もう端的にそもそもから申せば、新設の第14章は要らないと思っていますので、緊急性をどう規定するかという、その規定自体も要らない、全体が要らないとほんとうは思っています。

それで、その自治事務に対する関与に関して、繰り返しになりますが、結局、それは新14章で新しい特例的関与はできましたけれども、その後、指示に従わなかった場合にどうなるのかということは、それは既存の、現在でいうと、第11章の関与の類型で定められている通りなので、自治体の不作為に対して最後は違法確認訴訟がある。しかし自治事務の場合に代執行はできない。いずれにしても、そんなことをしていれば緊急事態には間に合わないという話かと思います。

国会の機能を果たすには

○西田実仁君（公明）　小原先生は、非常時に法的根拠がなくても政治のリーダーシップで対応することは一定程度あり得るというお考えを述べられました。一方で、この危機的な状況で合理的な判断ができ得ない状況では、それで大丈夫なのかという心配を持ちます。これはバランスの問題かもしれませんが、先生は指示権の濫用を防ぐ工夫として国会の役割ということも強調されました。国会の役割あるいは国会の機能を果たすために、国会はどのようなことを改めてすべきかをお聞きしたい。

○小原参考人　これまでの知見ではなかなか想定しにくい事態にどう対応していくかというときに、今回、日本に限らず、大きな犠牲者は出ましたけれども、ある意味で重大な先例というものができました。例えばイギリスではロックダウンをしたけれど、どこまでの効果があったのか。果たしてインペリアル・カレッジ・ロンドンの専門家チームのレポートはどこまで適正であったのか。日本の場合では、尾身先生ら専門家のアドバイスはどうであったか。それをこつこつ検証していく作業が欠かせません。

しかし、政府に置かれた新型コロナウイルス感染症対応に関する有識者会議、その知見を地方制度調査会の中でも踏まえた形で議論が行われていますが、有識者会議自体は期間的に1カ月少々という非常に短期間で報告書をまとめているわけです。

これはつまるところ、政治家と専門家の関係をどうしていくか、デモクラシーとテクノクラシーの関係をどうしていくかということにまで関わってくるなかなか難しい問題だと思いますけれども、テクノクラシー抜きで今の政治・行政ができるわけではありませんし、専門家の知見に関して十分な検証をする。専門家の知見を踏まえた行政のあり方についても十分検証する。先ほど申し上げたような立法事実とされたものと照らし合わせて、さて、今回の法制はどうかということまで、政府だけではなくて、国会を中心に、長期にわたってきちんと検証していく作業が必要ではないかと思っています。それが国会の果たすべき役割、チェック機能の一部でもあると考えます。

それから、原則論を繰り返しますが、リーダーシップの問題に関しては基本的に選挙で洗礼を受けて、国会で首班指名という次の洗礼も受けたリーダーシップを国会がチェックする。根本的には国民主権ということですが、直接には国会主権のもとで十分行政をチェックしていく中でリーダーシップは認められる。逆にいうとその限りでしか認められないということですので、緊急の場合には一定程度のフリーハンドはやはりあり得べしと思っています。

ただしイギリスでも、ロックダウンはコロナバイラスアクトという国法に直接よるのではなく、すでにあった公衆衛生法（Public Health(Control of Diseases) Act 1984）という国法の委任に基づく命令（regulations）、省令くらいのレベルで実施したので、それが問題だったのではないかという議論もあるようです。そこは突き詰めればテクノクラシーとデモクラシー、リーダーシップとデモクラシーの緊張関係がある中で難しいところで、私はイギリス万歳と言っているわけではありません。そうした点も含め、各国の例と日本の例を合わせてきちんとした検証、国会が主体的に関わる検証が必要かと思っています。

○西田実仁君　小原先生に再度お聞きしますが、今言われているこの一定程度というのは、あらかじめ何か法令上定めておくべきだというお考えでしょうか。

○小原参考人　その根拠規定を作ろうとすると、一般法の中に、たとえば地方自治法の中に設けるというふうなことになり、それに基づいてさえいればいろいろできますよと授権することになりかねないので、そこはどういうふうに必要なのか、法制化すべき事柄なのか、そこのところはちょっとどうかなと私は疑問を持っています。

○芳賀道也君（国民民主）　小原教授に伺います。雑誌「住民と自治」、２０１９年2月号に教授が「自治体戦略二〇四〇構想」をめぐる論点という記事を書かれています。報告書で語られている圏域マネジメントを進めなければ乗り越えられない課題があるというのには十分な根拠に欠けているという考えが述べられ、また、既存の一部事務組合などの仕組み、地方交付税や年金という自治と暮らしを支える制度を大切に維持していくことができれば十分対応できると論じていらっしゃいました。

この辺り大変興味深かったので、再度、御教授いただければ有り難いんですが。

○小原参考人　今回の補充的な指示権の問題と直接にはリンクしませんが、現場の自治体が小さくて困っている、だからますます合併だということではないし、また、定住自立圏や連携中枢都市圏がどうしても必要だというふうには私は必ずしも思いません。既存の事務組合、広域連合、その他の仕組み、ソフトな連携の仕方によっていろんな対応ができるし、実際できてきたし、震災対応でも、コロナ対応でも、不十分な点もあったかもしれないけれど、自治体は随分やることはやってきたと認識をしています。

○浜田聡君（ＮＨＫ党）　衆議院の修正案では、国が指示を行った後に国会に報告を義務付けたと認識をしています。私の問題意識としては、むしろ個別法でも、閣議決定や国会報告などをした後に、国会に報告を義務付ける、そういう修正案のようなものが必要ではないかなと思うのですが。

○小原参考人　先ほど西田委員に対するお答えで、ちょっとフィットしていない、まとまりのないお答えをしたかなと思いまして、そのお答えの補充と併せてお話しします。

リーダーシップをどう考えるのか、政治のリーダーシップが暴走しないためには、それはやはり法というよりも政治の範囲で、特に法的な枠ははめず、国会での論戦などを通じてきちんとチェックを掛けていく。その場合に、牧原参考人がおっしゃったように、事後の検証をきちんとやることも含めてチェックする。仮に一般法として指示権を設けることになると、そこは法的に国会がどう関与するのか、事前か事後か、報告か承認か、あるいは全てかということで枠をはめていく。政治の世界でできることと、法の世界でできることを切り分けたうえで、その全体のパッケージで国会のチェック機能を考えればよろしいのではないかと思います。

それで、今の浜田委員の御質問ですが、今回の場合は一般法たる地方自治法で指示権を設けるということなので、その一般法において対応する。原則的な考えとして、新第14章が要るか要らないかということは先ほど申し上げたとおりですが、仮に成立するなら、一般法で設けたものに対して一般法たる地方自治法で事前事後に関してチェックをしていく。今回、衆議院の一部修正では事後報告だけにとどまっていますが、本当にそれでいいのかどうかということを、参議院の先生方に是非よくよくお考えいただいて、かっちり法の世界で枠をはめていく、そういう御努力を是非していただきたいと思っています。

○広田一君（無所属）　生命などの保護の措置に関する指示に関連して、お伺いします。事態対処法などで定められた武力攻撃事態などへの対応については、法律で必要な規定が設けられており、本改正案に基づく関与を行使することは想定されていない旨の政府答弁について、私は必ずしもそう断定できないのではないかという問題意識を持っています。つまり、現行の事態対処法と国民保護法では対応できない場合があるのではないかなということです。

具体的な事態と事例とは、事態対処法で規定されている存立危機事態であり、その事例の一つは、安倍政権が国会で何度も強調されていたホルムズ海峡の機雷掃海の事例です。このような事例が発生する蓋然性は極めて低いと思っていますが、万一を想定するのは危機管理の要諦でもあり、特にこれまで政府が述べていた事態と事例についてしっかりと検証をしていくことが、本改正案の立法事実を議論する上でも大変重要ではないかなと思っています。

こういった事例が万一発生し、国民を保護するために生命などの保護の措置に関する指示を出す可能性は排除されていないのではないかと考えますが、この点について御所見があればお伺いします。同様に、事態対処法などで定められている武力攻撃事態などへの対応については、法律で必要な規定があるから本改正に基づく関与を行使することは想定されていないという政府の見解について、額面どおりに受け取っていいのか、どう評価されているのか、お伺いします。

○小原参考人　御指摘の武力攻撃事態対処法と国民保護法との間に恐らく何かループホールか隙間みたいなものがあるというそもそもの御認識かと思いますが、であるとすると、それは個別法である両法で対応するべきことであって、その何かツケ回しみたいなことを地方自治法に対してすべきではない、というのがまず第一点です。

続いて、第二点で、では、その隙間のような事態が生じたときに補充的な指示権の対象になるかですが、総務大臣はそういうことはないということを繰り返しおっしゃっています。が、他方で、委員御指摘のとおり、適用対象が個別に限定されるわけではなく、対応する範囲は無限に広いのだみたいな言い方も総務大臣はされていますので、その隙間の問題に関して補充的な指示権が使われるということも、可能性としては、理屈の上では、法理の上では、当然あるという話になろうかと思います。

最後に、第三点ですが、政府の中でコロナ対応がどうもうまくできなかったのだという認識があったことは間違いないと思います。そうしたこれまでの経路依存的な脈を考えると、今回法改正は、何か防衛法制というようなこととは直結していない。基本的にはコロナ対応がどうもうまくいかなかったから、コロナ特措法はどうだったんだろうか、感染症法はどうだったんだろうか、そうした議論が主流をなす経路の中から出てきたものであるわけです。ということからすると、一般的な法理としては隙間は指示権の対象になり得るが、これまでの議論からすると事実上、それはそうでもないのかなという具合に私は認識をしています。

平井伸治さんインタビュー

立法事実はあった　コロナ禍で見えた問題点

附帯決議に歯止め効果　今後の運用が肝心

――第33次地方制度調査会の昨年9月の小委員会で、平井知事は「すべて国からの指示だとか、上から下へのベクトルでつくられている感がある」と指摘されました。12月の総会では「悩ましい中で都道府県の方も飲むべきところがあるのかなというふうに思います」と述べたうえで、「ただ、棒を飲むようなことであることは、ぜひご理解いただきたい」とおっしゃいました。まず、こうした発言の真意をお聞かせください。

平井　我々は長年、分権の戦いをしてきました。その長い歴史の中で、今回の法改正はちょっと異色なことになりました。ただし、これは飲むべきものがあるだろうというのが、大方の地方自治体の首長さんの意向でした。正直に申し上げて、知事の仲間は大体そうでした。ただ「棒を飲むような思い」というのは、分権の理念というか、我々がめざしていることに対して、この法律を成立させて本当に大丈夫なのか、という思いがあり、その両方が相克するところがありました。そういう非常にデリケートで難しい問題に、地方側も歩み寄っているのですよと申し上げ、そのことを分かった上で、制度設計をしてもらわなければ困りますよということを伝えたかったのです。

——めざす自治・分権のあり方と、改正自治法の相克ですか。

平井　そもそも今回の改正法の起点は首相の地方制度調査会に対する諮問でした。それはコロナ禍のような事態に、どうやって感染症対策をスムーズに円滑にやっていくのか、そのために国と地方との関係性に再考すべきところ、調整すべきところがあるのかどうかを審議するようにということで、それに沿って議論してきたわけです。

——首相の諮問には「新型コロナウイルス感染症対応で直面した課題等を踏まえ」「国と地方公共団体及び地方公共団体相互間の関係その他の必要な地方制度のあり方」などとありましたね。

平井　そこで私の方から幾度も申し上げたのは、感染症対応では国と地方のコミュニケーションが大切であるということです。コロナ対応には新型インフルエンザ等対策特別措置法があり、そこでは都道府県がいわば最前線です。そこに保健所を設置する市や区が絡んで、地方側が現実の感染症対策を判断するのです。それに対して政府は全体を統括されるような役割分担の国と地方の関係になっています。そういう役割分担をどうするかという話でした。

だから、この間の一連の議論で私が実はすごく不思議だなと思ったのは、政府が立法事実をはっきり言わなかったことです。国会でも「なぜ言わぬ」などと問題視されていましたけど、実は多くの知事は立法事実をわかっていました。

立法事実は明白だった

――えーっ、立法事実を知事たちはわかっていたのですか。

平井　はい、はっきり言ってわかっていたのです。申し訳ないけど、はっきり言って、コロナ禍で地方自治制度のいわば一つの調整点が見えた形だったんですね。

――教えてください。その立法事実とは何なのですか。

平井　伸治
鳥取県知事

（ひらい・しんじ）1961年生まれ。84年に自治省に入り、兵庫県地方課、福井県市町村課長などののち、自治省選挙部政党助成室課長補佐、アメリカ合衆国連邦選挙委員会、カリフォルニア大学バークレー校政府制度研究所客員研究員、自治省財政局調整室課長補佐。1999年に鳥取県総務部長、2001年、同副知事。05年に総務省自治行政局選挙部政治資金課政党助成室長、自治体国際化協会審議役、同ニューヨーク事務所長を経て、07年に鳥取県知事に初当選。連続5期目。21年に第14代全国知事会長。23年から同副会長。

政府のデジタル田園都市国家構想実現会議構成員（2021～23年）、政府の第３３次地方制度調査会委員（22～23年）、現在は政府の新型インフルエンザ等対策推進会議委員のほか、令和臨調「知事連合」代表世話人など。

平井　それはつまり、感染症は都道府県境や市区町村境を越えていくのに、それを止める術というものが残念ながら現行法の中に十分でなかった、ということです。だから感染拡大を防ぐために協力できる体制を作るには、現行の自治体同士のレベルより、もう少し上の方で調整してもらわないといけないということです。

本当に例外的なこととして、万やむを得ない場合に、国がその指示権を発動するということは、ある程度は容認しなければいけないだろうという話なのです。

――それほど明白な立法事実があるのなら、国会でそう言えばよかったではないですか。

平井　そうなんですよ。私がもし参考人で呼ばれたら、言ってやろうかと思ってました。なんでそこを封印したのか、よくわからないのです。

――コロナ禍にあった立法事実を、もう少し具体的に話していただけますか。

平井　感染拡大の当初、アルファ株やデルタ株のころは非常に厳しい時期がありましたよね。初期の段階、令和2年（2020年）、3年（2021年）に、感染拡大を防ぐ難しさ、その限界を多くの知事が感じるところとなりました。それで感染を広げる前にちゃんと止めてくれと、いつも国と論争になりました。尾身茂さんが会長の新型コロナウイルス感染症対策分科会の委員に私もなりましたので、自治体代表として、拡大を防ぐためには、我々は応援も出しますよ、ということも申し上げていました。

当時、ある地域からどんどん感染が広がりかけたので、政府側から知事会も協力してくれないかという話があり、それに応じて最前線の保健所の機能を強化するために応援を出そうとしました。感染のルートを追いかけるにも、感染者がちゃんと入院できるようにするにも、保健所機能を強化しなければいけないですから。

――感染拡大を防ぐために、他の自治体に応援を出そうという話ですね。

平井　はい。政府からの応援要請を受けて、これは全国に広がる課題だし、特に当該自治体があまりにも気の毒だったので協力しようとしました。ところが、政府から急遽、応援は「できなくなった」という連絡が来たのです。びっくりしました。

――いったい、なぜ、ですか。

平井　応援を受け入れる自治体との調整がうまくいかなかった。言い方を変えれば、広域自治体と基礎自治体の話し合いがつかなかったのです。

――つまり都道府県と市区町村の間で、応援を受ける、受けないという話がまとまらなかった、という事例があったのですね。

平井　信じられないでしょ。だけど、これ事実なんですよ。それはもう、ずうっと経過を聞いていましたから。

――それは、どこの自治体の話なのですか。

平井　具体的に明かせません。例えば政治的な確執で重要な保健所を拠点とした感染拡大防止が封じられるとしたら、ばかばかしいでしょ。それで他の自治体は頭にきたのです。せっかく人を出して、一緒になって助けてあげようと言っているのに、そんなことで、人々の命を奪うのか、と。

正直、この危機感の中で、そんなことを言っている場合かと思いました。思いましたけど、そこから先は動けなくなっちゃったわけですね。この現実を何とかするというのが、実はあのコロナ禍の課題、つまり今回の立法事実です。

個別法にない世界を実感

――コロナ禍のもとで、そんな自治体間の確執があったのですね。

平井　私らは助けに行くって言っているのに、それを拒み、その結果、全国に感染が広がってしまったら、どうするのか。命や健康を守るのは、みんな自分の事なわけですよ。だからやっぱり、お互いに協力することは非常に大切だと思うのですが、残念ながら一部の自治体で機能しなかった。

我々は仕方ないから、厚生労働省の仲介で、せっかく用意した保健師さんらを別の地域に応援に出しました。同じようなことが、いろんなレベルであったのです。

コロナ禍では、非常に行政能力を発揮したところもあれば、発揮しにくかったところもあった。私も同じ立場だから責めるつもりは全然ないけれども、こういうことが残念ながら地方自治の世界では起こりうる。

だから、改めて言いますが、県境を越えて、市区町村境を越えて、協力できる体制を作るには、広域的観点、国全体の観点でちゃんと調整してもらわないといけない、という考えが浮上してきたわけです。お互いに対等な地方自治体が、感染症のように行政区域を越えた課題について、他の自治体に緊急になすべきことを協力して実行しようと言ったって、聞いてくれないことは当然起こるのですから。

危機管理の上で、いまの個別法にない世界というのはやっぱりあるなということは、コロナ禍で多くの首長さんたちも分かってしまったのです。それで皆さん、今回の法改正に対して、結構おとなしくしているのですよ。

――それで「棒を飲んだ」と。

平井　はい。でもこれは「棒を飲むようなこと」なのです。やっぱり地方自治の理念からして、この改正法が悪用されるのではないかということを、何人かの知事は非常に心配しましたから。だから「棒を飲む」ことが地方自治の理念に反しないよう、制度的配慮が必要だと訴えました。

――それでも改正法の濫用、悪用が懸念されるのであれば、棒を飲んではダメだったのだ、という批判も根強くあります。

平井　先ほど申しましたように、今回、正直、立法事実はあったのです。それはみんなわかっていたのです。そういう意味で、我々も知事会として相当、地方自治を侵害しない措置の担保など、国への働きかけ、国会への働きかけをやってきました。

そして地制調で、私が一番強調したのは、やっぱり国と地方が同じフラットなテーブルで感染症対策を考え、それから協力してやっていくことが大切であり、国の指示等よりも有効だということです。

難しかった情報共有

――コロナ対応は国と地方が対等な立場で協議していなかったのですか。

平井　感染拡大時に感染ルートを追える自治体と追えない自治体がありました。残念ながら人口が多い地域はもうだいぶ早いタイミングで諦めていたんですね。一方で鳥取のような自治体は最後まで追っていました。そうすると、追えているところが、流行っている株の特徴がわかるのです。どういう風に感染していくか、どの程度の重篤性があるか、とか。そういう分析は、地方の話を活用したらいいんですよ。だけど残念ながら、コロナ対策全般では、十分に感染状況を調査しきれていない大都市のデータで、先生方が対策づくりを担ったのです。

実はここに大きなギャップがあって、オミクロン株対策など相当に遅れた面があります。従来の株と違うことは多くの人が分かっていたけれど、それは専門の先生方からすると統計上は見えないのですよ。なぜなら、人口の多いところの数値が総計を支配しますから。人口の多いところが感染の株を追いきれていればいいですけど、それができていない。あるいは検査に行っても、お医者さんがもう相手してくれないということになってきたら、統計データが狂ってくるわけです。

――国と地方で情報共有がうまくできていなかったのですね。

平井　終盤、令和4年（2022年）の夏頃などは、毎週のように厚労省の部会などで、もう流行が終わるといった議論がされながら、どんどん膨らんでいったでしょう。当時、知事会でも議論していて、「そんなもん終わるはずがない、まだまだ増える」と言っていたのです。国は何をバカなこと言っているんだという感じでした。もっと国も地方の声を拾い上げながら一緒に議論して対策をつくり、実行していく必要がある、と思いました。法改正にあたって、我々が主張したのはこの部分です。

――コロナ禍を受けて、すでに感染症法などは改正されています。だけど、現行の法律では次に何かあったときに対応できないということを心配されているのですね。

平井　いや、やってみないとわからないということです。今までも感染症法はありました。新型インフルエンザ等対策特別措置法もありました。でも、それでは十分に機能しなかったという状況がありました。すでに改正されたけれど、それで本当に足りるのかというのは、確かにわからないところがあります。

だから一般論として、国の指示権を設定することはあり得るという話なのです。これは多くの人たちが体感的に、この4年間のコロナ禍の中で、残念ながら我々も感じ取ったところです。

ただ、そこでですね、改正法を立案するときに、私自身も地制調の最後の12月の総会で申し上げましたが、やっぱり現場の地方自治体の意見と十分すり合わせた上で発動していただきたい。そういう十分なコミュニケーションや情報共有が必要であり、指示する時は他に選択できる手段がなくて、必要やむを得ないものを、その必要な限度において最小限でやる、そういうことが絶対に必要だということを強調させていただきました。

知事会として申し入れ

――ご主張は理解できるのですが、改正法に十分に反映されているのでしょうか。

平井　昨年12月に地制調の答申が取りまとまった段階で、その内容で十分なのかどうか、よく見えないところありました。ですから、法案を作る時も知事会と協議してもらいたいということを最後の地制調でも申し上げております。

その後、ことし令和6（2024）年の1月に全国知事会の村井嘉浩会長（宮城県知事）と地方分権担当の湯﨑英彦広島県知事と3人で、要請活動もさせていただきました。要は、ちゃんと事前にコミュニケーションを取るようにしてくれということです。また必要最小限にする。それからこれはあくまでも特例的なものということなどを法案に盛り込んでもらいたいことを言いに行きました。それで、おそらく実態としては、我々の意見もある程度入れながら、あの法案を作られたと思います。

――改正法の条文づくりに、知事会の意向は反映されている、と。

平井　法案は3月に閣議決定されました。その日も、我々みんなで話し合って、知事会として、一定程度入ったことは評価できるというコメントを出させていただいたのです。けれども正直、条文上は読めない、見えにくいところがあったのですね。ですから、これからの国会審議で、どのように今後運用されるかということが非常に大事である、十分に地方自治体と協議をする、情報共有をする、それから必要最小限度にすることを明確化してもらいたい、と申し入れました。

――地制調の答申後も要請活動をされたのはわかりました。それで、平井知事としては、法案の条文上、懸念は解消されているのですか。

平井　正直100％の解消はできてないです。だから、3月に法案を見た時にも明確になっていないところがあると、コメントさせていただきました。知事会としてもはっきり申し上げています。ただ、もう実際に国会に提出されますので、民主主義の世界で、そこから先は国会議員の皆さんが議論されるわけですから。それで知事会としては、ここは非常に懸念を持っていますよ、このことを踏まえて議論してもらいたいですよ、というメッセージを出したのです。

5月に法案審議が本格化し、大型連休明けにも、そうしたことを国会の先生方にも申し上げてまいりました。その結果、附帯決議がつきました。あの附帯決議については、ぜひ文字通りにやってもらう必要があるだろうな、というのが私たち、いろんな交渉してきた立場から感じているところです。

――確かに附帯決議（巻末参照）には15項目にわたって、いろいろと書いてありますけれど、どのあたりを評価されているのですか。

平井　たとえば、第1項、どういう時に発動されるかについては「当該事態に該当するか否かを判断する考え方を可能な限り明確にし、速やかに地方公共団体に周知すること」と言ってくれている。第2項では「情報共有・意思疎通に努めること」と明記されました。これはまさに、私が地制調で主張したことです。

――しかし、当該事態かどうかを判断は国がするわけで、それを「可能な限り」とか「速やかに周知する」と言われても、国と地方が対等な関係にあるようには読めないのではありませんか。

平井　我々が求めていたのは、こちらから提案することも含めて双方向のコミュニケーションをすることです。で、まあそうはなってないけれども、この第2項に書いてあるのは、ちゃんと意思疎通を図りなさいということなので、条文以上のことがここには書かれていると思います。

附帯決議はせいぜい合格点

――「条文以上」のことが、ちゃんと書き込んである、という評価なのですね。

平井　第3項には「指示を行うに当たっては状況に応じて、あらかじめ関係地方公共団体等との協議を行うなど」と事前に十分に調整しなさいと、ある。これも私が地制調の当時から申し上げていたし、知事会の村井会長はじめみんなで話し合って政府に申し入れた時も、こういうことを言っておりました。

第5項も、指示は例外的なものなので、終わった後は「迅速に個別法の規定の整備に係る必要な法制上の措置を講ずること」とあります。我々がこれはあくまで特例ですよと申し上げたことが、ここにも表現していただいたのかなと思っています。国会の先生にも申し上げに行ったので、まあ、最終段階ではいろいろと配慮してくれたのかなと思いますね。

――だから、この改正法で自治は侵害されない、大丈夫なのだとお考えなのですか。

平井　いやいや、問題はこれがちゃんと行われるようになるか、ということです。たとえば第8項を見てください。総務大臣は「各大臣により独断的・一方的に行われることがないように、運用の考え方を周知する」とあります。これは非常に大事なことです。ある大臣が暴走した際に、今の総務大臣はわかっているかもしれないけれど、将来の総務大臣との調整がうまくいかなくて、我々が意図しないようなことが起きかねない。この規定は、そんな濫用をされることになっては困るということです。

——おっしゃる通り、附帯決議には平井知事らの意向もだいぶ盛り込まれたのでしょうし、そうあってほしいと思います。しかし、附帯決議は附帯決議であって、後世、そこに何が書いてあるかなんて知らないよと言われる可能性はありませんか。

平井　法律というものは、単に制定されても動かなければ意味がない。解釈して初めて運用されるものです。その解釈、運用の段階で、附帯決議に書かれていることは、立法者の意思として政府を拘束するという効果があります。

——知事会では、あの附帯決議ではダメだ、もっと十分に書き込めという議論にはならなかったのですか。

平井　法案を修正してくれるのであれば修正してくれればいいです。我々はまだ十分書けてないところありますよ、と法案に対しては申し上げていましたから。でも、それで修正するかどうかは、我々の手の離れたところでありました。しかしながら、附帯決議の中で、知事会の要請を取り入れて書いてくれたと思います。

——いかにも乱暴な問い方になりますが、この附帯決議は１００点満点でどのくらいの評価になりますか。

平井　１００点満点かというと、まあ、せいぜい合格かどうか、60点、70点かなと思っていますけど、正直ね。正直そう思っていますけど、問題はその60点、70点ぐらいの今の状況が最終的に運用に当たって、本当にこれで地方自治が侵害されることにならない運用がなされるのかこそが、大切だと思います。

ちゃんと情報共有もできて、単に意見照会をするとかいう程度のことではなく、自治体の意を受けて対応するのか。本当にその自治体と濃密に調整し、自治体側の意向もちゃんと受け入れながらやるかどうかなんですよね。結局、最後は運用だと思うのです。正直、どんなに出来のいい法律を作ってもうまくいかない時はうまくいかない。

肝心なのは法運用

――法律をつくっても、肝心なのは運用なのだ、ということですね。

平井　はい。たとえば、最近も東京15区の衆議院選挙で、追っかけ回して選挙運動が実際にできなくなった、という事例がありました。しかし、あれはちゃんと法律に書いてあるんですよ。公職選挙法225条に、他人の選挙運動や演説の妨害をしてはいけないと。あるいは道路交通法も含めて他の車両を妨害しながら追い回してはいけないとか、公共の場所で迷惑行為をしてはいけないという条例も、みんなあるんですよね。ただ、それが早めに発動されるかどうかなんです。結局、終わってからやっていたでしょ。

ああいうのがやっぱり法律でして、結局どう解釈、運用するかが、今後一番大切になってくると思います。

――それは逆に言うと、肝心なのは運用なのだから、改正自治法ができていなくても、現行法のままでも今までの経験を踏まえて、知事さん同士、市長さん同士、あるいは知事と市長とかで話し合えばいいではないか、とはならないのですか。

平井　この法律には国を経由しないと隣の自治体に応援を求められないみたいに書いてありますが、自治体同士であれば知事会で調整すればいい話です。これをやってはいけないとも法律には書いていないので可能だと思います。

このことは地制調でも何度も言いましたが、都道府県間で人材の調整を一生懸命やるけれども、国立病院などを動員する権限は国、厚労省にあるので、国がやってくれないと動かない。県立病院のお医者さんや看護師さんだけでは、人材も医療資源も限られているから、他の自治体を助けに行こうにも無理ですよね。赤十字だとか、いろんな病院を動員する、そういう国のリソースや民間のリソースと合わせてやらなければいけない。そういうことを、この4年間で学習したわけですから。この法律に書いてあるのは、その中のごく一つの側面でしょう。

——でも、今まではなかった国の指示権が書かれたことで、指示する国、それを受ける自治体という構図になり、国と自治体が対等・平等ではなくなってしまっている、というふうには受け取らないのですか。

平井　そういうふうには運用してくれるな、ということです。それが附帯決議でいうと、情報共有や意思疎通を図る、それから必要最小限度に行うということ、十分に必要な調整を行う、です。このことは、我々は正直、法律に書いてもらいたかったですけどね。はっきり条文に書いてくれれば、もう少し皆さんも収まりはいいのですけど、ただ、最終的にああいう形で閣議決定されたので、その後も我々は運動を続けたということです。

分権逆行を監視する

――恐縮ですが、結果として条文には書かずに附帯決議に落とし込めて、平井知事も100点ではないという状況になったとすると、やっぱり自治体側が譲ったというか、国にマウンティングされてしまったように見えてしまいます。

平井　だからこれから、我々も監視しなきゃいけないわけです。まだ一つも例がありませんから、実際に例が起こった時に、どういう実務をこれから作っていくか。正直申し上げて、今回の感染症対策は茫漠たる砂漠の上を歩くようなもので、何のルールもない中で、とりあえず国を巻き込んだり、自治体同士で話し合ったりして、なんとか4年間を切り抜けてきたわけです。

ただ、その時にやっぱりある程度は道しるべ、ツールがあった方がいいということで、多分、このツールは生かされる余地が私はあると思います。これが100%完璧かというと、そうとも言えないかもしれないし、問題はどう運用するかなのです。これまで4年間、自分たちは感染症対策やってきたように、やっぱり国と地方が対等に向き合って議論できる環境づくりの方が、おそらく条文以上に大切じゃないかなと思います。

――この法律が分権改革に逆行しているとの批判には、どうお答えになりますか。

平井　だから歯止めをかけようと、いろいろ要請したのです。どこまで書いてくれたのか、という思いは正直ありますが、問題はどう運用するかだと考えています。

――コロナ禍の混乱時には、知事の方から緊急事態を宣言すべきだと進言するなど積極的な働きかけが目立ち、国が後手に回っていた印象を持った人々も多いと思います。それで立場の悪くなった国が指示権を持つ法律で自治体を従わせる構図をつくりたかった、という意図はありませんかね。

平井　どうでしょうね。私も当時、内閣府や厚労省の人たちを見ています。彼らも歯がゆかったみたいですね。意思決定過程がすごく複雑になってしまい、学者さんが割とクローズアップされながら、学者さんの分析とかがないと動けない状態でした。エビデンスという言葉が当時流行りましたね。でも、さっき申しましたように、現場から見ると、そのエビデンスでは説明できないことがいっぱいあったわけですよ。

――ものすごく悪意で取れば、あえて立法事実を感染症対策などに特定せず、最後まで封印することで、何にでも幅広く自治体に指示できる法律にしようとしたのではないですか。

平井　いやあ、そんなに悪気はないんじゃないかと思いますけどね。私らだいぶ折衝しましたのでね。地方制度調査会の中では、地方自治法の先生方の理念というか、法技術的な問題で、ここまでしか書けない、ということがさかんに言われていました。

――条文の中に主語として「都道府県知事は」もあり、「国民の安全」を知事が考えるみたいに読めます。なんだか珍妙な条文だなという印象はないですか。

平井　その「国民の安全」というのは、災害とか感染症に限るための規定でしょう。我々が国に対して、危機感を持つのと同じように、やっぱり一定の縛りがないといけないだろうという意味で、感染症や災害に限定をしたのかなと思っています。

――条文には、各大臣が都道府県に対し、市町村に指示するようにモノ申してくるように読める部分があります。そうすると、都道府県と市町村の間にも上下関係をつくってしまいますよね。

平井　あまり現実にはない話ですよね。実際、この立場になっていただければわかりますけど、必ずしも知事の言うことを市町村は聞かないですよ（笑い）。みんな対等だっていう文化が平成12年（２０００年）の分権一括法の後、できています。対等なパートナーシップというふうに変わってきていると思いますね。

国の指示に毅然と対応

――なぜ、「指示」なのか、「指示でなければダメなのか」という指摘もあります。小早川光郎先生は「国の判断がはっきりとした内容であれば、指示と言わなくても助言や勧告でも、大多数の首長さんたちは尊重し、従ったでしょう。常識的に見て、助言や勧告では相手が従わないから、指示で従わせるという立法上の必要がどこまであるのでしょうか」と指摘されています。いかがですか。

平井　おそらく助言、勧告は既にあるからではないですか。現行法上、技術的助言だとか、ありますから。それよりも、もう一歩進んだものが欲しいというのが、今回の現実の感染症対策の中で多々ありましたので。だからもう一歩踏み出すために「指示」という言葉を今回、作ったのかなと思います。だけど、国がおかしな指示を出したら、言いに行きますよ、それはおかしいって、ちゃんと言います。

そもそも、我々は指示権にはあまり興味がないのです。むしろ、国と地方のコミュニケーション、情報共有をして、共同で政策立案をして決定して実行していくというプロセスを我々が4年間で作ったので、こちらに興味があるのです。

――指示に対してもそういう毅然とした抗弁ができるのですね。

平井　もちろんです。そういう意味で事前によく調整してと、私らも主張したのです。附帯決議にもそこは書かれているので、今後は気持ちよく我々の意を汲んで運用してもらいたいな、という思いが強いです。

――最後に、小早川先生から平井知事への質問として、「特に知事さんたちのレベルで、本当に『未完の改革』の部分をどうやっていくのか、どこがどのように未完でそれをどうするつもりなのか、それを本気で模索し、議論していくという雰囲気が、あるのかないのか。知事会が動かなければ、未完の部分は動かないでしょう、そう思っています」という言伝を預かってきました。

平井　分権改革はまだ道半ばだと思いますので、ぜひやっていただくように動いていきたいと思っています。小早川先生には分権改革の推進会議でもお世話になりましたが、そこではもっと大きな「分権」の話をすべきだと私は主張してきました。

たとえば、議員立法が出てくる前には地方側がそれをチェックしていくとか、立法府の作り方とかですね。いろいろと比較法的にはできる、やってもいい分権というのはあると思います。日本の場合は国家よりも地方の方がアウトプットベースでの歳出は大きいですから。正直、内政は地方自治体がやっているので、そちらを重視した国の統治機構のあり方はまだまだ改善の余地はあると思っています。

保坂展人さんインタビュー

白紙委任で、国と自治体が「上下関係」に

「指示待ち」に陥る危険性を危惧

――今回の地方自治法改正に関する朝日新聞のインタビューで、『対等・協力』のはずの国と自治体の関係を大きく変えてしまうことは、地方自治の危機であるだけでなく、人々の命を危険にさらすことになり得ます」と指摘されていました。ずいぶんと物騒な話に聞こえますが、どういう趣旨でしょうか。

保坂　コロナ禍を経験しての実感です。この自治法改正が「命の危険」にかかわる話なのだと理解していただけるように、コロナ対応を振り返ってみましょう。

まず、われわれは２０２０年初頭に正体不明の未知のウイルスに襲われましたが、世界同時だったので各国の対処例を見聞きすることはできました。にもかかわらず、日本では当初、ＰＣＲ検査を受ける条件の一つとして、「37度5分以上の発熱が４日以上続いたとき」

と専門家が発信し、それを国が言っているように広がったため、「まだ3日しか経っていないから」などと4日になるまで検査を受けられない人が続出し、容体を悪化させたり、亡くなったりしてしまう方まで出ました。

――たしかに、「37度5分、4日以上」での混乱がありました。

保坂　PCR検査をなるべく少なくするためだったのですが、日本の対応は世界各国の中では特異なことでした。WHOは「テスト、テスト、テスト」と言っていたし、アメリカなどでは検査のテントを立てて「いつでも、どこでも」調べられるようになっていったわけです。中国では、国が強権的にできるからということもありますが、住民全員を対象

保坂 展人
世田谷区長

（ほさか・のぶと）1955年生まれ。2011年から世田谷区長、連続4期目。1996年から2009年の間に衆院議員3期11年。中学校卒業時の「内申書」をめぐり、16年にわたる内申書裁判の原告となり、そこから教育問題を中心に取材するジャーナリストになる。

主な著書に『国より先にやりました』（2024年、東京新聞）、『こんな政権なら乗れる』（21年、朝日新書）、『NO！で政治は変えられない』（19年、ロッキング・オン）、『暮らしやすさの都市戦略　ポートランドと世田谷をつなぐ』（18年、岩波書店）、『親子で幸せになる学びの大革命』（18年、ほんの木）、『相模原事件とヘイトクライム』（16年、岩波ブックレット）、『88万人のコミュニティデザイン』（14年、ほんの木）、『闘う区長』（12年、集英社新書）など。

とする大量の検査をすでに行っていたのです。

私は、世田谷区では「37度5分にはこだわるな。発熱していると思っている人には極力、検査を実施せよ」という方針で臨みました。国とは違う対応をしたのです。さらなる感染の拡大を防ぐには、まずしっかり検査することが大事だと考えてのことです。保健所だけでは人的な限界があり、区内の医師会や病院の責任者、医療関係者の協力を得て会合を開き、新たにＰＣＲ検査センターを造って、１日に数百人の検査が可能なように立ち上げていしました。

国とは違う対応を選ぶ

――国とは違う対応を選択したのですね。

保坂　日本の対応が特異だった理由は、この問題を感染研（国立感染研究所）が一手に引き受けたからです。過去のエボラ出血熱などの感染症もそうだったのでしょうし、当初はやむを得なかったとは思います。でも各国がオートメーションでＰＣＲ検査をするなか、感染研は手動検査をしていた。日本は旧方式で立ち遅れていたのです。調べていくと、後から分かることなのですが。

もしも、あのとき、今回の自治法改正が行われていれば、コロナ禍は間違いなくパンデミック危機事態に認定されます。そうすると国が「37度5分以上でなければ検査はダメだ」と閣議決定し、それ以下の短期間でやるのは違反だ、などという話になりはしないか、ということを危惧するのです。そうなってもおかしくなかったわけです。

——世田谷区のコロナ対応では、まだ他にも国の方針との食い違いがありましたね。

保坂　第1波のさなかの２０２０年春、世田谷区は東大の児玉龍彦先生（東京大学先端科学技術センター名誉教授）の助言を受けました。先生はヨーロッパ各国で高齢者施設や介護、医療施設で入居者や患者だけでなく職員にも感染が広がり、治療も受けられないまま多くの人が亡くなっている状況に危機感を抱き、「院内感染や施設内感染の徹底防止が急務だ」と主張されていました。

そこで症状のある人だけ検査していてもクラスターは避けられない、症状の有無にかかわらず検査すべきだと考えました。とくに老人ホーム、高齢者施設でクラスターを発生させないために、職員を含めて全員の検査を実施しとうしました。そう宣言をしたときも、少なからぬ専門家は反対しましたね。

——国の専門家が反対したのですか。

保坂　政府のコロナ対策に助言していた尾身茂さんなどは反対でした。他の感染症の専門家も「とんでもないことを世田谷区は言い出した」と批判に回りました。「検査資源が枯渇する」とか、「寝た子を起こすな」じゃないけど、患者がどんどん見つかった場合、医療がパンクする、といった理由で反対したのです。

当時、ＰＣＲ検査資源は限定されているので、症状のない人がやってはならないという国の指針みたいなものが、決定されてはいなかったのですが、見解としては浸透していたのです。

世田谷区が国より先行

――それでも無症状の人々も対象にした検査に乗り出したわけですね。

保坂　はい。でも、世田谷区のような「社会的検査」をやろうという自治体は非常に少なかったです。沖縄県で玉城デニー知事が繁華街を、ローラーを掛けるように検査したりしましたが、例外的だったですね。

しかし結局は、２０２０年８月、安倍晋三首相が退任する記者会見の中で、「高齢者施設などで感染拡大地域では、その入居者、職員全員に検査することに決めました」と明言したのです。世田谷区が先行した方針が国の方針になったのです。

――安倍首相退陣のニュースの陰に隠れて、「全員検査」への方針転換は目立たなかったです。

保坂　そうですね。それでも菅(義偉)政権のもとで「全員検査」は実施されていきました。どんどん予算も付けて、自治体に対して何度も積極的にやるようにと仕向けていったわけです。ここでも一旦、「やってはならない」と決めて、閣議決定をして国が指示していた場合に、真逆の「どんどんやってくれ」っていう方針に国が転換できていたのか、ということを懸念します。

――国のコロナ対応に振り回されていれば、住民の命を危険にさらす、ということを実体験された、というわけですね。

保坂　コロナ対策に関しては、専門家も含めて日本の国がいわば鎖国的な経験値にこだわりすぎていたのです。2000年代初めのSARS（重症急性呼吸器症候群）のころは、尾身さんはアジアの輝ける感染症の指導者で、たいへんな功績があったわけです。だから日本の感染症対策が先進的だというところに安住してしまい、世界が大きく変わっていたことに気がついていなかった。

だけど、北米やヨーロッパ、アジア各国で行われていた合理的な大量検査が日本でできないわけがないじゃないですか。たとえば、車を使ったドライブスルー方式なんかが韓国にもありましたよね。諸外国でできている大量検査は日本でも結果的にはできたのですが、その鍵は「プール方式」でした。

――「プール方式」とは何ですか。

保坂　検体を一つずつ調べるのでなく、10体、20体と複数をまとめて一気に調べるやり方です。陰性であれば全員陰性だと判断できるし、陽性反応が出た場合のみ、オートメーションの機器が取り置いておいた個々の検体を再検査して特定してゆくのです。通常の検査より時間も費用も大幅に少なくできます。ところが、このプール方式には感染研が頑強に反対しました。「まだ正確性が保証されていない」というのが理由でした。

――国の機関である感染研がダメ出しをしていた、と。

保坂　そこで世田谷区では、東大の児玉先生がみずから下北沢で炎天下、300人の検体を集めて、検査してみました。全員が陰性だったので、ランダムに陽性検体と混ぜてプール方式で検査にかけました。すると一個一個を計測するのと同じ結果に100％一致しましたよ。このときも厚生労働省の人たちは、手でやると思っていたんですね。そういうオートメーションの機械があることすら知らなかった。

コロナが教訓なら違う法律に

——その結果、プール方式も国は認めたのですね。

保坂　はい、プール方式も児玉先生の実験結果を厚労省に出して、田村憲久厚労相と一緒にやりましょうと言いました。それで国も「やりましょう」ということになり、2021年1月にプール方式を認めると発表しました。世田谷区がやっていなかったら、検査体制の拡充はさらに遅れていたのではないでしょうか。

東京中にテントが立って、都の無料検査場で大量検査ができたっていうのも、プール方式だったからです。あの実態を見ると、やっぱり児玉先生のように各国で発表される論文にちゃんと目を通していて、情報ネットワークがある方の提言を効果的に生かしていくことの大切さがわかります。しかし、国にその機能はなかった。まあ残念ながら、国政野党にもその機能は全くなかったのですがね。

だから、言いたいのです。この自治法改正が、コロナを教訓に出てきたっていうのは本当に逆立ちした話なのです。何をほざいているんだ、という違和感から改正法反対を唱え始めました。

——保坂さんは「コロナを教訓にするのなら、自治体からもっと意見を吸い上げるという法律にしなければだめだ」と指摘していましたね。

保坂　そうですね。技術とか科学の世界では、政治的立場を超えて、どの筋から出てきたからいいとか、ダメとかいうメンツにこだわるべきではなくて、実際に効果のある対策や療法なのかが検証され、コスト計算がされて、実行されていくべきだと思うんです。そういう実態をとらえたパンデミック対策をやっていこうという方向とは逆の方向に、ギアを入れたのが今回の改正自治法であると思います。

国はいわゆる国家統制でいきたいということなのでしょうね。それは、まあ戦前の灯火管制とかですね、防空法につながる「空襲があっても逃げるな」とか、「バケツリレーをやるぞ」とか、そういうことにもつながる話ではないかなとは思いますね。

能登地震への対応も反対の契機に

――国の指示が国家統制への第一歩になることを懸念されるのですね。

保坂　はい、もう一つ、改正法に反対するきっかけは能登半島地震でした。不幸にも元日に起きましたが、この地震は発災後、数時間のうちに被災地の知事が首相官邸で話をして、首相が災害対策本部長になって指揮を執るという、災害史上まれに見る国が前面に出る初動展開でした。国や県が最初から被災地の人命救助から支援をしていたのです。

でも、どうですか。東日本大震災や熊本地震に比べても対応は著しく遅れました。真夏の段階でも未だに瓦礫の山が輪島市、珠洲市などにあるわけですね。国や県のラインで全部やった対策なんですよ。「ボランティアは入るな」といった対応もそうですね。全部を言いたいです。

自治体が負わされているというナンセンスな状況なんです。

国や県、とくに県が決めますというやり方で進めておいて、遅れの責任は全部、被災した

だから、今回の改正自治法のように、国に集権化を図る姿勢を見ると、もう実際に能登半島地震で集権化してやってみたじゃないか、そしてうまくいかなかったじゃないか、と言いたいです。

――コロナ対応と能登半島地震が自治法改正への反対意見の論拠だ、と。

保坂　はい、そうです。で、国会審議に入ると、あまりメディアは指摘していませんが、奇妙なことが起きました。審議前は「国が自治体に例外的に補充的指示を出すことができる」という言い方をしていたのですが、この「補充的」という言葉がいつの間にか消えてしまったのです。国会審議の後半ぐらいからは、「国の指示」に変わりました。要するに、「補充的」という言葉が耳障りのいい言葉として装飾語としてあっただけで、法案の中身とはまったく関係なかったわけですよ。

そして政府答弁も不誠実でした。たとえば、指示が発動されるのはどういう事態があるのか例示せよと、衆院でも参院でも繰り返し聞かれましたが、一種の頓智問答で、「予想されていない事態なので、予想することは困難です」という答弁に終始しました。災害でもパンデミックでも、あるいはその他の社会的な危機について、こういう場合は指示できるんだという事例を一つも出さなかった。

――どんな事態かは言えない、の一点張りでした。

保坂　でも、法律の条文を見ると、国が県を飛び越えて基礎自治体の職員に動員令を掛

けることができます。いわゆる準有事、あるいは有事的な事態の中で、この法律を論拠にして自治体職員を思いのままに動員し、港湾輸送やさまざまな作業に当たらせることができる。で、従わなかった自治体はお咎めを受けることになる、という構図なのです。

いま、憲法に緊急事態条項を入れることが問題になっていますが、その憲法がない中で、この改正自治法があるよ、という感じです。まあ、いわば日本列島全体を包み込むような「超特大」大風呂敷で、どんな事態にも個別法の国の関与を想定していない事態に関しては、この改正自治法を根拠に、国が関与できるようになる。それが大きな狙いだったんじゃないかと思います。

国に白紙委任する危うさ

――政府は国の関与の拡大を狙ってきたんだろう、と見るわけですね。

保坂　そうですね、はい。千葉県我孫子市長だった福島浩彦さん（元消費者庁長官）によると、彼が自治体議員や市民団体と一緒に総務官僚から聞き取りをしたときに、官僚が「この法律には立法事実はありありません」と言い切ったそうです。立法事実がありませんと言い切って提出する法案なんて、ほとんど聞いたことがないと思います。

本当は「立法事実は言えません」が正確なところだったのではないのかと思いますよ。立法事実は、こうこうこういうことですと、にわかに語れない背景が実は隠されているのではないか。この改正自治法で完全に、パーフェクトに構築はされないかもしれないですが、２０００年の分権改革をひっくり返して、国が手綱を握って、その指令、指揮できる状態にしておかなければっていうところが、あったんだと思いますね。

４月に、われわれが開いたシンポジウムで、沖縄の玉城デニー知事が発言していました。昨年末、辺野古で初の国の代執行がなされたとき、多くの人々が沖縄の基地問題ととらえていたけれど、そうではないのだ。沖縄だけではなくて、全国おしなべて、こうなるのだよということを、国は今回の自治法でやりたいんだよねっ、て。

あの沖縄に関して取られた手法というのは、今後この自治法もバックにしながら拡大していく恐れがあるのではないか、と思います。

――保坂さんがおっしゃったように、国が何でも幅広く指示できるようにするための改正法だといわれると、相当罪深い法律ということになりますね。

保坂　だから白紙委任法という内容になっているということですね。まあ、国は悪いことしないだろうし、国会議員は正確に判断するだろうから、まあ、閣議決定でどうぞお決めくださいという構図です。

鈍い反応、野党も労組もメディアも

――何だか、ともて物わかりの良い世の中になっているということでしょうか。

保坂　昨年の地方制度調査会で、前の全国知事会長だった鳥取県の平井伸治知事が、国に指示権を与えることを「棒を飲むような思い」とおっしゃいました。だけど、棒を飲んではいけなかったのではないかと思います。全国知事会もいろいろと懸念は表明されてはいたのですが。

それと今回は自治体の反応とともに、自治体で働く職員、労働組合の反応も決して活発ではなかったという特徴があるように見えました。

——労組の反応も鈍かった、と。

保坂　私たちはローカルイニシアティブネットワーク（ＬＩＮ―Ｎｅｔ）」という首長と自治体議員で作る団体で院内集会などを2回、３回とやったんですが、そこに出て来られた方々が自治体関係者がほとんど職員ＯＢなんですね。ＯＢが血気盛んに反対されていましたけれども、現職の姿はあまり見ることがなかったのです。だけど派遣されるのは現職の人々であって、ＯＢじゃない。そういう意味で何をさせられるかわからないことに対して、これだけ現職の方々があまり活発じゃない反応だったというのはどうしてなのか、まだ疑問符として残っています。

——言葉は悪いかもしれませんが、地方六団体も労働組合もとにかく聞き分けがいいように見えました。保坂さんのＬＩＮ―Ｎｅｔの活動に対し、他の自治体の反応はどんな感じだったのですか。

保坂　もともと反応は鈍かったというか、声は全くあがっていなかったのです。そのわりには、ＬＩＮ―Ｎｅｔがアクションを起こしたことで、自治体議員だとかが少しは活動的になったです。だけど、朝日新聞がこの問題を大きく取り上げたのは5月ですよね。東京新聞しか記事が出ない状況が続いていましたよ。

——いや、私は昨年末まで朝日新聞にいて、11月には地制調の論議に対し、「これは分権改革に逆行する」という社説を書いたんですよ。全国紙では一番早かったのですが、その後の改正法の議論の中身になると、「こういうことを考えられる」という、どうしても過程の話になってしまい、現場では記事にするのが難しかったのだと思います。でもまあ、それにしてもメディアの反応も遅かったのは遅かったですけどね。

保坂　やっぱりメディアが動かないとね。地方議会でも決議をしたところがちらほら出てきたけど、まあ時間的に間に合わなかった、とは言えたかな。われわれが動いたことで波紋は明らかに広がって、参議院段階に入るあたりで、これはたいへんなことではないか、とだいぶ盛り上がってきたとは思いますけど。でも実は立憲民主党などの野党が、これを重要な法案だと位置づけていなかったんですよね。賛成するかもしれないっていうふうにも見えたなか、附帯決議に重きをおいていたんですね。

――そうですね。最初から附帯決議を取ることで折り合う、という国会戦術でしたね。

保坂　国会審議の中で、相当な議事録も残り、複数の野党が反対したということは、とりあえず最悪の状況からは脱したのかなと思います。

自治体職員の意識変化を危惧

――最終的には立憲民主、共産、れいわ新選組が反対しましたね。もう一つ、お聞きしたいのは、最近の世田谷区政で分権改革の後退を実感する事例というものがありますか。

保坂　この改正法が成立したことで何かあったかと言われれば、それはないです。でも今後、「抜かずの何とか」っていう言い方がありますよね。国が指示できるようになったことで、非常時、あるいは混乱時には国の判断が上位に来るのだということを、この法律が規定しているではないかっていう意識は、この法律で自治体職員に植え付けられるのですよね。

——国と自治体は「対等・協力」な関係なのだという意識が自治体職員から薄れ、上下関係の意識が植えつけられる、と。

保坂　よく例に挙げられていますが、熊本地震の1回目の地震のあとに、県に対して官邸から「なんで避難所に入らないんだ」「入れ、入れ！」と言ったのに、地元がそれを拒みましたよね。2回目の地震で、その避難所に予定されていた体育館の天井が落ちて、もし避難させていたら大惨事になったという話です。

ああいうことってね、やっぱり現場に近い首長や自治体の判断が尊重されていかないといけない。その判断が命の問題に直結するだけに、国から指示がくる上意下達では危ういのです。

——確かにその心配はありますね。

保坂　国と自治体の関係で言えば、いま住民票の続き柄の問題で、長崎県大村市などが事実婚相当の表記をし始めましたが、それに関しても総務省が「混乱が生じる」「やめたほうがいい」と言ってきていますね。でもその論拠は示せていません。

当然、自治体は総務省の見解を気にしますが、国の技術的助言は住民票の表記について、現状の戸籍制度や住民票制度が男女の婚姻を前提としているという立場からしか言っていない。だけど自治体側は、それぞれの性的マイノリティの人たちが社会的に承認されるような、何とか工夫をしていこうとしているのです。そこにベクトルの違いがあるわけです。

――国と自治体では住民への視線の向きが違うのですね。

保坂　なぜ、こういう話をするかと言うと、国との人事交流で気になる問題があるからです。

――世田谷区からも中央省庁に職員を派遣していますよね。

保坂　はい、厚生労働省や国土交通省に職員を出して、いろいろ経験値を積んでもらっています。で、その給料はいま世田谷区が負担しています。ところが昨今、国もたいへんな人手不足なので、身分を国家公務員に切り替えて、給料も国が払って受け入れますという条件を示してきたんです。

国に勧告する気概で

――悪い話ではなさそうですが。

保坂　しかし、世田谷区にある同性カップルに対する「パートナーシップ宣誓制度」が国にはありません。世田谷区では男性同士とか女性同士、性的マイノリティの方々にも事実婚同様の福利厚生制度があり、弔慰金などが支給されます。そのパッケージの中に、性的マイノリティの区職員も入っています。でも、国家公務員の身分に切り替わった途端に、そこから外れる。福利厚生の重要な部分、あるいはアイデンティティとしての人権保証の部分を失うことになります。この点を即刻改善しなさいというふうに、国に勧告してやろうか、と思っているのです。

——えーっ、国に勧告するのですか。

保坂　そうです。この発想、国に勧告するという発想は、自治体にはないですよね。世田谷区職員から国に異動したら権利を失うのは不当だということですね。最高裁の最近の判例を見れば、社会は明らかに変わったんだと思います。まあ、司法の場に問えば、国が負けるんじゃないですか。

——最後に、この改正自治法が憲法改正論議での緊急事態条項の創設の露払いになる可能性について、うかがいます。というか、もう払っちゃっている感じですか。

保坂　そのどこまで緊急事態なのかという問題はありますけれども、確かに緊急事態だという際に、国が正しい判断をできるのか、混乱や不安の中に国への信頼が確立されているかどうか、という問題があると思います。

たとえば、河野太郎さんのマイナンバーをめぐる大迷走、あの法律に基づかない事実上の強要策、金をばら撒いておいて、こんどは脅すという、ああいうやり方を見ていると、ろくでもないですよね。信頼は崩れ、不信が増幅します。まあ、河野さんは優秀な方とはいえ、緊急事態の際に国が１８００の自治体の手足を指示することなんか絶対できないでしょう。

そうすると、「べからず」を乱発することになりますよ。その「べからず集」に縛られて、自治体独自の生活再建策などに「待った」がかかりかねない。

世田谷区が大規模火災とか大地震に見舞われた時に、区域内に仮設住宅の立地場所がないから、交流している自治体同士で、まあ一時避難しましょうみたいな話も現実に検討しないといけないと思いますが、それを「勝手にやるな」みたいなことが言われる可能性もありますよね。

――そう言われる可能性はあるかもしれませんね。

保坂　ええ、つまり、これまで自治体は住民の安全を確保するっていうことを最優先に動いてきたのだけれども、この改正自治法で国の統治機構の一部となり、住民の安全がどうあれ、国の言うことを遵守するということがミッションだよ、ということにすり替わりかねない。こうなると、効果的に災害からの救助や支援というものも進まないじゃないかなと危惧するし、繰り返しになりますが「命の問題」にも直結してくると思います。

岸真紀子さんインタビュー

国会議員に白紙委任を迫る

国会は不要というに等しい改正自治法

――第33次地方制度調査会の委員として、今回の改正自治法に答申段階から向き合い、国会でも質問された参院議員として、お話をうかがいます。大きな論点になった「国の指示権」は、2023年夏から、地制調での議論が始まりましたが、いつごろから注目していたのですか。

岸　7月に参院議員会館の事務所で、総務省から説明を受けたときです。地制調の小委員会で配られる資料の説明だったのか、急に国が自治体に関与していくみたいなことが書いてあったので驚きました。その場で、ちょっと怪しい話だなと思い、「これは余計じゃないの」と言いました。

――その後の地制調での議論には、どう携わられたのですか。

岸　地制調の委員といっても、答申素案を議論する専門小委員会に出席するわけではありません。私のような国会選出委員が意見を言う場は年に一回の総会しかなくて、それは素案がまとまった後の12月のことでした。なので、それまでの小委員会でどんな議論がされているのかは、一般に公表される議事録で見る程度でした。

——事務局の官僚は経過説明に来ないのですか。

岸　来ませんよ。ただ、最初の説明の段階から、答えありきで走っているなという印象はありました。いま振り返れば、首相の諮問にコロナ禍で国と地方が混乱したので議論が必要だとあったのですが、だからと言って、国の指示権になるなんて思わないですよね。

——当初から問題意識はあったけれど、12月の総会までは意見を述べる機会はなかったのですね。

岸　はい。そこで初めて「国の指示権」の創設に反対しました。国が正しいとは限らないではないか。国と自治体の間にコミュニケーションがとれていれば、指示などしなくても連携で対応できますよと、と言いました。

——それに対して、どんな回答がありましたか。

岸　専門小委員会の委員長が、委員会の中でも多様なご意見がございましたとか、おっしゃっていました。要約すると、いろんな意見が出て、議論してきて、これに至ったのです、という話でしたね。

——丁々発止にはならないのですね。

岸　最初に事務局から「発言は3分でお願いします」と言われましたからね。総会は2時間ぐらいの想定なので、その場で具体的な修正論議を始めれば、収拾が付かなくなりますから。それでも、あの場で2回発言したのは私だけです。

──たった3分なんて、あの水俣病患者団体と環境相との懇談と一緒じゃないですか。

岸　そうですね。まあ国の委員会はそんなものではないかなと思います。私、過労死の防止対策委員にもなったことありますが、そんなもんですよ。

──それで2回目の発言では何と言ったのですか。

岸　小委員会でずっと議論してきているので、この一回の総会で撤回できるとは思わないから、最後の調整は委員長に判断お任せしますけれど、少なくともさっき述べたような反対意見があったことは最終答申に書き込むべきではないか、と言いました。ただ、結果的に「委員長一任」という言い方が余計だったのかもしれません。

岸　真紀子
参院議員

（きし・まきこ）立憲民主党参院議員。
2019年初当選。
1976年 北海道岩見沢市(旧栗沢町)生まれ。94年 北海道岩見沢緑陵高校商業科卒、旧栗沢町役場入職。06年 市町村合併により岩見沢市職員、08年 自治労北海道空知地方本部書記長、13年 自治労中央本部法対労安局長、17年 同特別中央執行委員（組織対策担当）。
国会では　参議院総務委員会、決算委員会、地方創生及びデジタル社会の形成等に関する特別委員会（筆頭理事）に所属。
党では　政務調査会副会長、参議院幹事長代理、選挙対策委員会副委員長、公務員制度改革PT事務局長、外国人受け入れ制度及び多文化共生社会の在り方に関する検討PT事務局長など。

でも、総会では全国知事会の平井（伸治）鳥取県知事が「棒を飲むような思い」と言われたほか、慎重な意見はほかにもありました。全国町村会も賛成ではないとことは伝わりました。決して賛成意見ばかりではなかったです。自民や日本維新の会の議員は賛成していたけれど、手放しで喜んでいるのは一人ぐらいしかいなかったと思います。それなのに、後日出てきた最終答申は素案から一言一句、変わっていませんでした。

地制調を隠れ蓑にして

――それでは岸さんも素案をそのまま了承したように見えてしまいますよね。

岸　そう思われますよね。でも私は少なくとも慎重な意見もあったと書くべきだと言っていたし、うち（立憲民主）の重徳和彦衆院議員も意見を述べていました。ちゃんと議論しているわけで、答申にどこまで書くのかという問題はあるにせよ、いろんな意見があったと書かれないとおかしいですよね。今回のような、あまりにも一方的な答申の出し方はいかがなものかなと思いました。何だか、地制調を隠れ蓑にしていたのではないかって感じています。

――政府が地制調を隠れ蓑にして、国の指示権を拡大するという答えありきで粛々とやった、と思ったのですね。

岸　そうです、そうです。気づかなかった責任は確かにあるのですが、総会に1回しか出てないんですよ。言い訳ではなく、本当の話。だから、地制調の委員と言いながらも、地方六団体と国会議員はお飾りですよ。それでも意見を言えないよりはいいですけどね。議事録でちゃんと後々に残るように、総会で意見をしておくのは大事です。私はこの時には国会の中で戦うしかないなって思ったわけですよ。

——総会は専門小委員会の追認機関なのですかね。

岸　私は追認機関にされたなと思っています。小委員会の先生の中には頑張ってくれている人、いろんな意見を中立の立場で発言されている人がいました。だけど、すべてを何かこう被せているような気がして。誰のせいとは言わないですけど、やっぱりその辺がちょっと操作されていたんじゃないかなという気がします。

ずっと地制調の議論を見てきているわけではありませんが、今回はあまりにもひどい気がします。やはり政権の思惑、まあ、なんせ総理の諮問会議ですからね。

——そんな地制調の中で、岸さんが最も主張したかったことは何ですか。

岸　やはり、国の指示権に反対だということですね。国が介入をすることによって住民の命は守れなくなる、ということが一番の主張のポイントでした。

それと、一つ一つちゃんと検証したのかどうかも問題だと思っています。コロナ禍にしても熊本地震にしても、政府が正しい判断をできていたのかどうか、納得いく説明もできていませんよね。だから、もっと自治体の声を聞くべきだったんじゃないかと思いました。地制調では、地方六団体にも意見を聞きましたと言われましたが、本当に答申を出す前に聞いているんですかね。

——知事会は意見書を出してはいます。

岸　でも、それって知事会のトップが意見した、という話ですよね。申し上げたいのは、議論を始めてから最終答申の12月までのわずか数カ月間に、全国47都道府県、1700を超す市区町村に意見を聞き、それをまとめる時間があったのかという話です。地方六団体が意見を集約するには期間が短すぎたと思います。

パブコメもやらず拙速に

――確かに地制調での議論も短かったですが、最終答申から法案提出までも約70日という短かさでした。これはどういう風に感じますか。

岸　ありえないですね。これだけ揉めるというか、条文に「生命等の」とあり、住民の命に関わる問題で法律を改正するのだから、もっと丁寧にやらなきゃいけない。少なくとも全市町村が理解をして意見を言える場を設けて、意見を集めなきゃいけないでしょ。

私はパブリックコメントをすべきだと思いましたが、国会での政府答弁は「パブリックコメントは絶対要件ではないので」というものでした。法案を地方六団体に伝えたけれど、期限までに回答がないからオッケーみたいな感じだったと思うんです。狡いやり方なんですよ。

――しびれるほど、狡いやり方に見えますね。ろくに検証もしていないのに、なぜ指示権を創設するのか、ですね。

岸　そうです。もうちょっと2年、3年と議論してから、それでもやっぱり必要だというのであれば、まだしもですね。そんな数カ月の議論ではあまりにも短くないですか。今回は本当に、答えありきでひどすぎますよね。

――それでは次に、改正自治法の中身に関するご意見をお聞きし、そのあとで国会戦術について質問します。まず、法律の中身について、政府が地制調に参考例として示し、国会でも取り上げたダイヤモンドプリンセス号の案件を、どう見ていましたか。

岸　多くの患者の入院調整を都道府県境、保健所の管轄を超えて行うという、想定していなかったことが起きたと政府は言いました。確かに想定した法律はなかったのですが、指示権がなくても各県は全面的に協力しましたよ。ある意味、連携でできるはずですよね。まあ、批判を浴びるから言いづらいですけど、コロナ禍への対応では民間病院に入院を指示できる方が、よほどうまくいったと思います。拒否が相次いだから病床が足りなくなったわけですから。指示というかは別にして、それくらいの権限が国、厚生労働省にあったらよかったのではないかなと思います。

――その点は今回の改正自治法で何も改善されませんよね。

岸　当たり前です。自治法の対象はあくまでも自治体ですから。国の指示権なんてなくても、自治体は今までも精一杯やってきたし、公立病院は受け入れていました。本来は厚生労働省の感染症対策としては、民間にももう少し縛りをかけられるようなものにしていかなければいけないですが、それには医師会が絶対に反対します。でもそれがない限り、ワクチン接種も、入院調整もいくら国から自治体にやれやれって言われても、うまくいかないですよ。

国会は要らないのか

——これまでは自治体の自治事務に国が指示をするには災害対策基本法などの個別法に規定を設ける必要があったのを、改正自治法で取っ払いました。これをどう見ますか。

岸　個別法を設けなくていい、改正もしなくていいというのは、国会議員に白紙委任をさせるということですよ。国会が要らない、と言うに等しいです。だから大問題だと思うのです。本当はもっと、みんなもこの点が分かれば良かったと思うんですね。自治体側にも上から目線で白紙委任させるわけですから。

——白紙委任という言葉が出たので質問しますが、この改正自治法が憲法改正論議の緊急事態条項の露払いになる、との懸念はありますか。今回の国の指示権拡大は、もっと幅広く指示できるようにするための第一歩に見えませんか。

岸　いや、むしろ自民党の方では、この改正自治法ができたから改憲しなくてもいいではないかと言われたら困る、という反応だったという噂はありましたよね。

憲法改正の話が進んだら、これがあるからもう要らないじゃないかって言えますよね。正直な話。それは一つの戦略として使えるのではないかというのは、片隅には置いています。だけど、自治体に迷惑な改正なので章ごと削除しなきゃいけないんですよね。

法案修正を模索したが

――次に国会での法案審議について、うかがいます。答申を一言一句直してもらえないまま法律になって出てきた。その段階で立憲民主党は廃案を求めると思っていました。でも、そうじゃなかったですよね。

岸　それは廃案に持っていける勢力があればいいですけど、入管法にしても廃案には持っていけない経験を何回もしていますからね。国会での数の力でそのまま通されるよりは、最低限の修正はできないかということを模索しました。反対、反対っていうのは簡単なんですよ。基本は反対なんですけれども、可能であれば修正したいっていう気持ちがありました。

――廃案は無理でも、修正できないかという考えだったのですね。

岸　そうです。私としては、共同親権での修正、つまり原則共同親権の「原則」を外して、合意がなければ単独親権という大きな修正ができたみたいにできないかなと思っていました。正直、地制調の答申が一言一句変えられなかった経緯を踏まえ、難しいなとは思いつつも、立憲としてはやれることはやっていかないといけないと考えていました。

――どんな修正を模索されたのですか。

岸　指示権を発動する際の事前協議とか、国会の事前関与とかですね。当たり前ですけど。維新の修正みたいな「事後」では全く意味がないので。国会の事前関与と、自治体の事前関与ですね。この2点は大きく修正をさせたかった。最低限、自治体ですね。自治体に何の許可もなく指示を出すっていうのは強権国家じゃないですか。

——国会で、そう主張したわけですね。

岸　衆院段階で当然、主張しました。最初は戦術として、立法事実がない点を追及しました。当たり前ですけどね。立法事実もないのだから、そこも戦わなきゃいけなかったです。

——「立法事実がない」で攻めても頓智問答みたいになって、らちが明かず、次に事前関与の修正を求めたのですね。で、結果はどうでしたか。

岸　どっちもダメです。疑問点を少しずつ詰めて、歯止めになるような政府答弁は引き出しましたが、修正は全くできませんでした。一言一句、ゼロ回答でした。

——国会が事前に関与できない点は言語道断に思えます。

岸　そうですね。それで私は、最低限コロナの緊急事態宣言時のように、議院運営委員会で短い時間でも質問させよ、と言いました。緊急事態とか蔓延防止に関する政府の決定の前に、質問したではないですか。ほんの短い時間でしたが、国民が不安に思うことを各党がただし、政府に答弁させるのは大事だと思ったのです。それでニュースになるから国民にもわかるじゃないですか。国会で、こういう議論があったって。それで政権の歯止めにもなりますよ。そういうやり方もあるでしょうっていう質問はしています。

——それに対して、政府は何と答えましたか。

岸　なんか、ごにょごにょ、松本（剛明）総務相が言っていました。とにかく、のらりくらりの答弁ばっかりで。こちらも結構、提案もしているんですよ。あんなたいへんな時だってやっていたのだから、できるでしょって。だけど一言一句、直さない。

でも国会のルールなので、法律には書いていなくても、そういう事態が発生したら開かせるように繋げられるとは思います。コロナの時も法律には書いてないけど、開いたのですから。そういう事態が起きた時には求めていこうと思っています。最低限ね。

限られていた国会戦術

――外野席からは、国会の事前関与を認める修正もできないなら、身体を張って止めてくださいよ、と思って見ていました。これはやっぱり素人考えですかね。

岸　残念ながら、総務委員会で反対したのは立憲と共産だけです。国民民主党も賛成に回っています。それではなかなか戦う戦術がないので。他党なので国民民主の内情はわかりませんが、党内には賛否両方の意見あったと思います。と言うか、現場の議員は反対の質問をしていたと私は思っています。

――では国民民主も反対していたら、もうちょっと違った戦術がとれたのですか。

岸　もうちょっと戦いたかったし、もしかしたら審議時間ももう少し延ばせたかもしれないですね。結構、延ばしましたけどね。まず立法事実がないなんてダメだと言って、普段よりは延ばしているのですよ。もともとの審議時間はもっと短く言われていたのです。今回の法案はジュウヨウコウハンではなかったので。

――ジュウヨウコウハンとは耳慣れない言葉です。何ですか。どんな字を書くのですか。

岸　重要広範です。与野党合意で最重要と位置付ける法案です。基本的に重要広範でなかったら、審議時間がそんなに長くないです。本会議で趣旨説明の登壇したものは委員会を2回開けばオーケーみたい感じです。そこに参考人質疑を入れたりして、審議時間を増やします。

——今回の法案の参考人質疑は野党の要求でやったのですか。

岸　そうです。参考人質疑はやらなくてもいいのです。やったのは割と珍しい方だと思います。何が問題かを専門家に聞くには参考人質疑は必要だし、参考人質疑を入れると次に採決にはならず、参考人の意見を踏まえて、もう一回質疑しましょうと審議時間を勝ち取れるんです。戦術には見えていないかもしれませんが、戦ってはいるのです。参議院の方はさらに審議時間を延ばしています。採決に応じるから、もう一回委員会をやらせたりしました。

世論の後ろ盾もなく

——しかし結果としては、ぬるい国会対応に終わったのではありませんか。

岸　それは世論がついてきていなかったですからね。世論の後ろ盾がないと、なかなか戦術は限られます。国民がどうしても反対だというのであれば、最後まで徹底抗戦して、深夜国会とか委員長解任とか出せるかもしれませんけど、まったく世論がついてきてない中では、採決に応じないというふうにはなりません。

基本的には国会は与野党がきちんと運用していく慣行なので、採決まではちゃんとしないといけない。そうなると、今回の場合、できる戦術がそもそもなかったんですよ。

——確かに改正自治法に世論の関心は高まらなかったですね。メディアがろくに書かなかったと、世田谷区の保坂展人区長には怒られました。

岸　正直な話。地方自治は暮らしとの密着性がわからないですよね。国会議員の中でも自民党の中でも、もしかしたらわかっていない人がいると思います。法律が通った後で問題に気づいていくのかもしれないですね。

——修正をめざした、審議時間も延ばした、それでもダメだから附帯決議（巻末参照）をつけたのだ、ということですね。

岸　そうです。附帯決議はいっぱいつけました。最後の最後の歯止めみたいなものは掛けてあります。その附帯決議をとるのも、最終的な採決には応じるから、決議はのんでねっていう話なのです。基本的にはそういう国会の戦い方ですよね。

附帯決議に注力

——その附帯決議を100点満点でいえば、何点くらいに評価しているのですか。

岸　決議の中身は私も関わったし、やれた方だと思います。点数はわからないですね。最大限の努力はしましたから。

——不合格ではない。

岸　もちろん、不合格のものは出していないです。不合格なら、つけない方がよっぽどいいですよね。

――わかりました。では15項目にわたる附帯決議のどのあたりを評価していますか。

岸　たとえば、第7項の「職員派遣」は100点満点です。私が結構こだわったところです。勝手に閣議決定だけで職員派遣はさせない、という話です。だいぶ歯止めになっています。

――附帯決議に「地方の自主性・自立性に極力配慮」「個別法を制定、改正するいとまがない場合」「目標達成のために必要最小限」などと、指示権行使の要件を明記したことで、恣意的な解釈による濫用に歯止めを掛けた、とも述べていますね。

岸　そう書けば、普通できないですよね。

――でも「必要最小限」という日本語はあいまいで、私の必要最小限とあなたの必要最小限は違うでしょ、と言われませんか。

岸　ああ、まあそうなんですかね。

――「極力配慮」も、私は極力配慮しましたから、と言われてしまいませんかね。

岸　まあ、でもその「極力」を入れないと附帯決議を与党がのんでくれませんから。

――情報共有や意思疎通も「迅速かつ円滑」に「努めること」と書いてありますが、あくまで「努力義務」であり、法的には何の担保にならないという批判には何と反論しますか。

岸　そうだと思います。正直な話。附帯決議はなかなか難しい話です。でも、ダメだと言われても、じゃあ、それ以外に何ができますかという話なのです。今の国会の数の力で、反対した中での意思表示はここぐらいまでなんですよ。与党にも附帯決議をのませるという線で行くと、これが最大限だと思います。じゃあ何もなくて、そのまま議事録にも残らないで、後世にいくことの方が怖くないですか。

――しかし、附帯決議には無視されてしまう可能性が付きまといます。

岸　ありますね。院の意思ということなので、後世にも国会の中でどう議論したかという証拠にもなると思うのです。省庁とか政府は無視することがありますけど、それこそ政権をとった後にその附帯決議が活きてきます。できれば政権交代して第14章を削除したいと思っていますから、そこに繋げるためにも必要なものだと思っています。

デジタル標準化も大問題

――改正法の中身や国会審議について、もっと言いたかったことなどありますか。

岸　国の指示権に集中せざるを得なかったのですが、本当はデジタル化について国会でもっと質疑をしたかったです。あれも、まずい条文なので。

――デジタル化ですか。

岸　問題はシステムの共同利用が盛り込まれている点です。条文では「他の普通地方公共団体又は国と協力して当該事務の処理に係る情報システムの利用の最適化を図るよう努めなければならない」（第２４４条の５）となっています。要するに、各自治体が政府の用意したシステムを共同で使うことに「努める」義務になってしまっているのです。この条文はヒューって、するって盛り込まれたのです。ある意味、システムの中央集権化ですね。

――自治体がそれぞれ違うサーバーを使っている現状を一本化する集権化は、ものすごい利権の絡む話なのではないですかね。

岸　まあ、そうですかね。あとやっぱり情報が一元化するっていうのが恐ろしいし、システムが動かなくなったら全部の自治体に影響が出るので怖いですよね。

――政府が共同化を進めるために設けたIT基盤「ガバメントクラウド」を運営するのはアマゾンで、金額がドル建てなので、円安でたいへんだと聞きます。

岸　そうです。円安なのですごく高いんですよ。使う人が少なかったら高いままなので、なおさらみんなに使ってもらいたいのです。

――もともとは、まとめてみんなで使えば安くなる、という触れ込みだったですよね。もう誰も言っていませんけど。

岸　そもそも、なんで地方自治法に書き込む必要があったのですかね。「地方公共団体情報システムの標準化に関する法律」という別の法律があるのに。まあ、サイバーセキュリティに関する条文も今回の改正で設けたので、新たな業務かなとは思いますが、わざわざ書く必要があるのかなっていうのが正直なところです。

――その部分も新たに章を起こしていますね。国の指示権を書き込んだ第14章だけが新しい章ではないですよ、と言いたいのですかね。

岸　それプラス、ポストコロナと言っていたから多分、デジタル化も入れてきてんですよ。どっちかというと、ポストコロナの方がデジタル化をどうしていくのかという議論をしてきていたので。ただ、そのデジタル化の議論の割には法律改正が何だかすごい小さなものになっているという印象ですよね。逆に自治体の邪魔なのではないですかね。

コンサル頼りを懸念する

――もう一つ、指定地域共同活動団体制度については、どのようにお考えですか。

岸　ものすごく引っ掛かっています。時間がなくて国会では1、2問しか質問できませんでしたが、無理矢理推し進めないでという歯止めは掛けておきました。ただ、この制度については、あくまで自治体が条例を整備して、自治体で決める話なので、総務省がわざわざ、これがいいと宣伝し、これで地域の課題がすべて解決しますみたいに進めるのはやめてほしいです。

――でも、推進するでしょう。「法律ができましたから」と言いながら。

岸　ええ、でも、これは地制調で議論もしてないのに法律に出てきているから、よくわからないのです。どこかの地域から要望があったようなことを言っていましたが、なんか急にポンポンポンポン、都合のいいように今回は改正されたと思っています。

――指定地域共同活動団体制度のどのあたりに疑念がありますか。

岸　結構強い権限を与える必要性が正直、わかりません。自治会とか町内会とかNPOなどをイメージしているみたいですけど、そこが元気な地域では、わざわざそんなに権限が与えなくても、自治体とうまくやっていけるんですよ。むしろ本当に困っている地域は、そういう人たちがいないところです。地域の困りごとを公の組織、役場などが担っていることの方が多い地域です。その役場の体制を強くした方がいいのに、よくわからない新しい指定管理者制度みたいなものを、なぜつくるのでしょうか。

地域の困りごとへの対応が必要なところで、この法律がうまく機能すると考えるのは、ちょっと認識がずれていませんかという話です。何だか、コンサルタントみたいなものが入ってきて、人材派遣みたいにならないのかなと心配をしています。

――コンサルタント頼りになりはしないか、と。

岸　はい。維新はこの条項を取り上げて推奨しているのです。国会での質問でも、参考人にも聞いていました。なので、当初からなんか自民党と維新の間に何かあるのかなって思っていますね。まあ、これは確証も何もないですけど。

第14章を削除したい

――では最後に、改めて国の指示権の話に戻します。法律に指示権が書かれたことで、国と自治体に上下関係が復活し、気持ちの上で自治体側が縮こまる、という意見はどう思いますか。

岸　自治体が指示待ちになるのではないか、という懸念ですね。それはあると思います。特に災害時において、自治体は職員数が足りていないので、知識も経験もやっぱり薄れてきているのは残念ながらあると思います。しかも一人で三役ぐらい持っているところに、定額減税みたいに急に政権から変な仕事が降ってくるから余裕がないんですよ。そうなってくると考える時間がないので。一斉休校みたいな話が官邸から来たらやってしまう。

――あれは指示じゃなかったですけどね。

岸　そうなのです。だから今も実際、一斉休校みたいに法律に基づかないでやっていますから、地制調の委員で国会の参考人にも来た牧原出さん（東京大学先端科学技術研究センター教授）は野放図にやらせるよりは、法律改正で歯止めをという趣旨を言われたんですよね。確かに今も従ってしまっているし、それを見過ごすのもどうかとは思いますが、指示権の発動を閣議決定だけでできるというのは悪質ですよね。

――怖い国になるなぁ、というのが正直な感想です。

岸　そうならないために引き続き、指示権は要らない、個別法をきちんと整えることが前提だ、というふうに省庁に考えさせますよ。改正法を使わせないように。

地方自治法は変わりましたが、地方自治の本質である国と地方の対等・協力な関係が消えたわけではありません。自治法の第1章は変わってないのだから、第14章は使わせないという論法で、これからも行政監視をしていかなければいけません。削除するまでですね。この基本が崩れると、国と地方の関係性が本当ぐちゃぐちゃになりますから。

――最後の最後に、国の指示権が明記されている第14章を削除したいと発言していますが、どうやって実現しますか。

岸　これはもう政権交代しかないですね。法律をつくったからには、もちろん自治体にも意見を聞かなければいけないので、「本当にこれ要りますか」と聞きますよ。聞いたらきっと要らないっていうと思うんですね。

江藤俊昭さんインタビュー

改正法で地方議会は「蚊帳の外」に

条例制定で「歯止め」を掛ける必要がある

――今回の地方自治法の改正をどのように見ていますか。

江藤　まず申し上げたいのは、改正法の基になった昨年末の第33次地方制度調査会答申に、すごく大きな違和感を抱いたことです。

――違和感ですか。

江藤　そうです。二つの違和感がありました。一つ目は答申の内容です。第33次地制調は2年間に二つの答申を出しましたが、議会についてまったく異なる、ある意味で対立したイメージがあるのです。今回の地制調はまず２０２２年12月に、地方議会に関する「多様な人材が参画し住民に開かれた地方議会の実現に向けた対応方策に関する答申」を出しました。そこでは議会の位置付けや議会の果たすべき役割と責任、議員が職務を行う上での心構えなどを示しました。

「地域の多様な民意を集約し、広い見地から個々の住民の利害や立場の違いを包摂する地域社会のあり方を議論する議会の役割」が明記され、二元的代表制の下で議会がしっかりと地域の経営にかかわることの重要性が指摘されていたのです。この答申を受けて、政府は昨年の通常国会で地方自治法の第89条を加筆、改正しました（注1）。

ところが昨年末の最終答申、それが「国の指示権」を創設した改正法につながったのですが、そこでは地方議会が完全に「蚊帳の外」に置かれました。最初の答申にあった議会重視の視点が欠落し、最終答申にちっとも生かされていない。つまり二つの答申がまったく切り離されていて、まるで肉離れしているような内容だったことに違和感がありました。これって本当に同じ地制調

江藤 俊昭
大正大学教授

（えとう・としあき）博士（政治学）
1956年東京都生まれ。86年中央大学大学院法学研究科博士後期課程満期退学

専攻：地域政治論、地方自治論、公共政策論

山梨県経済財政会議委員、第29次・第30次地方制度調査会委員（内閣府）、「町村議会のあり方に関する研究会」委員（総務省）、全国町村議会議長会「議員報酬等のあり方に関する研究会」委員長、全国市議会議長会90年史編纂委員会有識者会議座長などを歴任。議会サポーター・アドバイザー（栗山町、芽室町、滝沢市、山陽小野田市など多数）、地方自治研究機構評議委員、など。

主な著書に『自治を担うフォーラムとしての議会――政策実現のための質問・質疑』（イマジン出版）、『議員のなり手不足問題の深刻化を乗り越えて』（公人の友社）『議会改革の第2ステージ―信頼される議会づくりへ』（ぎょうせい）、『政策財務の基礎知識』（江藤俊昭・新川達郎編、第一法規）『非常事態・緊急事態に議会・議員はどう対応するか』（新川達郎・江藤俊昭、公人の友社）など多数。

の同じ委員による答申なのか、と驚きました。

――同じ委員による二つの答申なのに、その内容が乖離していたのですね。

江藤　自治法の第89条を新しくしたのに、自治の理念を理解していなかったのでしょうか。言葉だけで、理論枠というかバックボーンがしっかりしていないため、議会の重要性が血肉化されぬまま表層で滑ってしまい、今回の改正法に生かされていないのです。

「国の指示権」の拡大の項目に、地方議会はまったく登場しません。また、条例に基づくとはいえ、改正法には「指定地域共同活動団体」が行う「特定地域共同活動」に関して、市町村が必要な支援をすることを義務付けていますよね。一昨年の答申には、こうした地域活動を担う団体の参画を得る上でも議会の役割が重要だと書いてあったのです。

具体的には「地域社会においては、行政のほか、コミュニティ組織やＮＰＯ、企業等の多様な主体が、組織の枠を越えて、サービス提供や課題解決の担い手としてより一層関わっていくことが必要であり、これらの多様な主体の参画を得る観点からも、議会の役割は重要」と明記されていました。それなのに、最終答申には議会そのものが出てこない。改正法では、新たな団体の指定要件の条例制定だけにかかわるのです。

「非平時」への違和感

――二つ目の違和感とは、どんなものですか。

江藤　議論された用語への違和感です。今回の答申には「国の補充的な指示」という用語が使われています。一般法である自治法の補充を個別法がしているのに、その個別法を補充するために改正自治法に「国の指示」が導入されました。補充はすでに個別法に結実しているにもかかわらず、今回、「補充」の「補充」が制定された格好です。改正法では、「補充的な指示」という用語は使われていませんが、こうした文脈で理解されています。

「非平時」という用語が多用されたことにも違和感がありました。最終的に答申では「国民の安全に重大な影響を及ぼす事態が発生し、又は発生するおそれがある場合」になっていましたが、最後の答申を決める総会でも「非平時」「非平時」とさんざん言われていました。これは日本語ですか。なぜ、非常事態とか緊急事態といった用語を使わないのでしょうか。何か特別な言葉を使うことで、これまでになかった特別な状況をイメージさせようとする意図が感じられ点に引っ掛かりました。

すでに制定されている武力攻撃事態対処関連三法とは別の「事態」があることを暗にイメージさせます。そこから一般原則とは異なる特例が制度化される意図が感じられます。日ごろ使わない「非平時」を使うことによって、一般原則が想定していない事態を想定し強調して、制度化されている「特例」を超えた「特例」を制度化しようとする。すでに制定されている個別法でも想定できない事態があることを暗にイメージさせている。第14章という独立章を設けたことに特例を導き出させる論理が透けて見えます。

――特例を超えた特例の制度化ですか。

江藤　そもそも、個別の法律が想定する以外の事態が明確ではありません。武力攻撃事態対処法関連においては、「必要な規定が整備」されており、大規模な自然災害や感染症について想定される「想定外事態」ということなのでしょう。しかし、すでにこれらも法改正が行われています。災害対策基本法は2021年、新型インフル特措法は21年と23年、感染症法は21年です（注2）。

それにもかかわらず、国の指示権が制度化されます。具体的な事例の示されない法整備は「禅問答」の域を出ないという指摘も説得的です。「非平時」は、非常事態に思考停止に陥る、言い方を変えれば、大臣や自治体の首長が何でもできるという思考になってしまう起点となる用語です。もともと使うべきではなかった用語でしょう。

――「非平時」という言葉は、地制調の委員の中に「何だか疲れている時（疲弊時）みたいに聞こえる」と指摘する人がいて、使われなくなったという話があるそうです（笑）。

江藤　笑い話ではありません。日常ではない事態が強調されるときは、往々にして国の存在が強調され、国が何でもできる、みたいな風潮になりかねないのです。自治体で言えば、首長主導の政治を賛美する傾向が生まれ、専決処分が増えるとかですね。それは明らかに思考停止で、民衆の声とか地域の多様性が吹っ飛ばされてしまう事態です。そこにあるのは、まぎれもなく議会軽視なのです。自治体より国が頼りになる、議会よりは首長が偉いという発想は、何かあったときに誰かに権限を預けてしまう「全権委任」の状況を招きかねない。単純に比較はできませんが、その恐ろしさは、ヒトラーの独裁を招いたワイマール憲法第48条第2項や授権法（民族及び国家の危機を除去するための法律）の先例を引くまでもありませんよね。

非常事態といえば、一般ルール、およびその補充である個別法を超えることを是認する発想の広がりを危惧しています。

分権逆行は明らか

――先生の二つの違和感に共通するのは、議会軽視を懸念する視点ですね。

江藤　はい。正確にいうと議会軽視とともに現場軽視ですけれど……。分権改革で飛躍的に高まった地方議会の役割が反映されていない点は看過できません。今回の改正法では、国会も各大臣による指示権の発動に事前に関与できない。国権の最高機関である国会も軽視されているわけですけどね。

地方議会軽視が問題なのは、議会こそが地域、住民の状況を的確に判断できると考えているからです。最初の答申では「多様な民意を集約し、広い見地から個々の住民の利害や立場の違いを包摂する地域社会のあり方を議論する議会の役割」を再確認しています。これは通常だけではなく非常事態でも同様です。むしろ非常事態ではその役割がより発揮されなくてはならない。

というのは、そのような状況では執行機関は、「執行」を重視します。その前に地域情報や意向の収集が不可欠で、それには日常的に地域で活動している議員の役割が非常に重要となっています。通常状況での議会改革が非常事態でも活かされるし、活かしていかなければなりません。議会改革が進み、議会の情報収集能力・提言能力を活かすことが、非常事態の課題の解決には不可欠だと考えています。

もちろん、非常事態に議員がバラバラに地域・住民情報を行政に提供していたら、行政は止まってしまいます。だからこそ、今日、議会ＢＣＰ（業務継続計画）を策定して議会でまとまって、災害対策本部等に情報や提言を提出しています。

――改正法は地方議会の重要性をないがしろにした、のですね。

江藤　改正法で蚊帳の外に置かれた議会ですが、正確には条文に議会も出てはいます。サイバーセキュリティの方針の策定が、議会にも義務付けられたことです。議会は機関として独立しているので、独自にという議論はわかります。ただし、二元的代表制を意識しつつも、一つ自治体として統一的に行うことは、自治体としての方針でよいでしょう。一体的だとしても、議会の独自性を提案することは必要でしょうが、実際には、ほとんどの議会では人材は不足している、という消極的な理由もあります。

――地方議会軽視は分権改革に逆行している、と。

江藤　そうです。みなさん、よく分権改革の大きな成果として、国が統括的指揮権を持っていた機関委任事務の廃止を挙げますが、それはつまり国の代わりに自治体の議会が地域経営のほとんどすべてにかかわる、関与するということを意味しているのです。

そして非常事態でも思考停止にならずに、問題があれば自治法、および個別法で対応してゆくというのが分権改革の成果なのです。いわゆる「補完性の原則」では、政治は地方を起点にしており、国が地方にかかわるにはルールが必要だということを明確にしました。自治体のできることは自治体に任せ、できないことのみ国が一定のルールを設けてかかわるのです。

住民自治の充実では、その「地方」の政治は議会がかかわるということを明確にしています。改正法は、補完性の原則からの逸脱であり、地方議会が「蚊帳の外」に置かれるのは住民自治の充実からの逸脱になります。

地方議会軽視は、現場軽視と連動します。現場で日常的に地域、住民と接触している議員の情報・提案は、中には口利きもあるにしても第一級の意味があります。その軽視は、首長主導に連動します。今回の自治法改正はそれを超えて、国主導に容易に直結します。

コロナ禍において、自治体が独自の施策を実践した事例は多々あります。他方で、国がお粗末な施策、たとえば「アベノマスク」や「学校の一斉休校」を実施したことも記憶に新しいでしょう。そもそも、今日の重要な施策「環境」「福祉」「情報公開等」はすべて自治体からの発信を、国が後追いしていいます。

自治法改正を、現場からの発想の重視を再確認する機会とすることが必要です。

露骨な行政分権思考

――ただ、「議会軽視」は、今回の改正法に始まったことではないようにも思えるのですが。

江藤　それは否定できません。この改正法は政府が相変わらず中央集権思考であり、行政分権思考であることを如実に示しているのです。

――行政分権思考とは、何ですか。

江藤　分権を進めるにあたって、国と自治体の関係は、各省と首長との関係だけを決めておけばいいという考え方です。政府の視野に、そもそも議会が入っていないのです。一つの例として私の体験談を語れば、２００９年６月の第29次の地方制度調査会の答申があります。地方議会や監査委員のことも書き込んだ答申だったにもかかわらず、そのタイトル案は「今後の地方行政体制のあり方」だったのです。それを見て、委員だった私は仰天しました。「行政だけじゃない、議会も入っているではないか」と指摘したこともあって、タイトルは「今後の基礎自治体及び監査・議会制度のあり方の関する答申」に変わりましたけどね。

――さすが、地制調の事務局の総務省「自治行政」局ですね（笑）。

江藤　続きがあります。前回の第32次地制調答申にも議会にかかわる内容が「第5　地方議会」として、かなり入っていたのですが、２０２０年の答申のタイトルは「２０４０年頃から逆算し顕在化する諸課題に対応するために必要な地方行政等に関する答申」でした。おそらく委員からの「議会も書き込んであるぞ」という声は小さかったのでしょう。「等」を入れれば許されるというものではありません。地制調も問題を抱えているのではないでしょうか。

最近は、総務省に設置されている研究会の議論・報告書を軸に、地制調の議論が展開されています。第33次地制調と委員を共有する研究会として、「デジタル時代の地方自治のあり方に関する研究会」（地制調委員４名）、「直接請求制度の運用上の課題に関する研究会」（１名）、「地域コミュニティに関する研究会」（１名）、「定住自立圏構想の推進に関する懇談会」（１名）などがあります（注３）。

さきほど、第29次地制調答申のタイトルが変更されたと言いましたが、これについて大森彌さんは、「委員から地方議会を行政体制の中に入れ込むことへの異論が出され、地方議会を行政体制に包括する扱いは正された形である」と評価されました（注４）。今日、我々が目にしているのは分権改革の逆行だけではなく、地方議会観の逆行、正確には住民自治観の逆行なのです。

――かなり不遜な言い方であることを顧みずに申し上げれば、地制調がそのレベルなのであれば、分権改革が足踏み、後退するのも無理からぬ話に思えます。

江藤　分権改革は確かに後退しています。議会軽視だけでなく、今回の国の指示権拡大も象徴的です。「三位一体改革」、誘導的な「市町村合併」、努力義務が付された「行政計画」の広がりなど、着々と分権の成果は剥ぎとられています。逆行の巻き返しをしないと。

——なぜ、こんなに分権改革は後退してしまっているのでしょうか。

江藤　絶望だけに陥っていてはいけません。地方自治改革は着実に進んでもいます。分権改革の熱き思いの中で議会基本条例がつくられました。あれから、まだ18年です。自治基本条例をはじめ、地方政治のいろんな胎動があり、分権改革の成果は確かにありました。ただ、それをさらに一歩進めて、住民と議会と首長の三者間の緊張関係を創り出すことが課題です。

これを私は「フォーラム」と呼んでいます。議会は多様性があるから地域経営における重要な権限をすべて持っているのであり、議員が多様性を帯びることが大事です。同時に議員だけで「ミライ」を決めていいわけではありません。三者が討議空間をつくることです。そんな状況はまだ萌芽ですが、公共施設の統廃合についての議論をしなければならない縮小社会には不可欠です。

いわば、分権改革の成果を自治体側が実現し、十分に制度化するまでには至っていなかった。今回の改正法の背景には、そんな分権の現状があったのでしょう。それでも住民自治は育っています。これを起点に乗り越える視点と運動が必要でしょう。歴史の弁証法というべきものです。

課題山積の地方議会

——それにしても、これほど分権改革を後退させる内容の法改正に、なぜ、全国都道府県議会議長会や全国市議会議長会、全国町村議会議長会の三議長会は強く反対しなかったのでしょうか。懸念は示したとはいえ、体を張って改正を阻止しようとはしませんでしたよね。

江藤　一つには、一昨年の最初の答申に三議長会が出していた要望の「地方議会の役割及び議員の職務等」などが盛り込まれ、自治法第89条に反映されたことで、一息ついてしまったことがあると思います。それと同時に、各議長会ともそれぞれに抱えている大きな問題に主眼を置いており、分権改革の果実も視野には入っているけど、そこまで手が回らなかった、という面もあるでしょう。

——各議長会が抱える他の大きな問題とは何ですか。

江藤　たとえば、三議長会ともにDXや主権者教育が喫緊の課題です。また、多様性や「なり手不足」問題も抱えています。歴史的にみれば、道州制や市町村合併に関しては、全国町村会や全国町村議会議長会が主導的に反対しました。分権改革では「闘う知事会」が主導的な役割を果たしましたが、今回はそれもありません。知事の過半数は官僚出身という状況のもとで閉塞状況を突破する運動は起こっていません。それでも、「国の指示権」の拡大に対して地方議会が反対・懸念の意見書を提出しています。裾野では住民自治は育っています。歴史は一直線で進むわけではありません。

条例制定で議会の役割を

——改正法が成立したのを受けて、それぞれに課題を抱えている地方議会はどう対応すべきでしょうか。

江藤　対処法を考えておこう、ということですね。まずは改正法の問題を確認し、その更なる改正や削除をめざすことが前提です。それを視野に入れつつの対処法です。

――たとえば、改正法では「資料」「意見」の提出要求の項目の主語は「各大臣、都道府県知事、その他の都道府県の執行機関」となっています。つまり、要求する要件である「国民の安全に重大な影響を及ぼす事態」を知事たちも判断することになります。知事が「住民」でなくて「国民」の安全を判断するという構図の珍妙さはさておき、知事が判断する際に、その議会が黙っていていいはずがありませんよね。

江藤　もちろんです。知事やその他の都道府県の執行機関がどのような内容の資料、意見の提出要求をするのかについては、ちゃんと議会がモノ申せるルールを作っておくべきです。また、それぞれの首長が提出にあたっては議会に同意を求めるとか、提出したら議会に報告するといった条例が必要でしょう。国会は事前にかかわれないとしても、地方においては民主主義を実現するルールとして議会の役割を条例で定めておくことが不可欠です。非常事態には首長や国が指導する発想が通常状況にも浸透することが危惧されるだけに、逆に通常状況の議会の充実によって非常事態を打開できるようにしておかなければならないでしょう。

――ちょっと脱線するかもしれませんが、大規模災害などの非常事態の時に、地方議会の存在感は首長とは比べものにならないほど希薄です。たとえば、東日本大震災の被災地で、「あの議会は頑張ったね」と称賛された事例を寡聞にして知りません。

江藤　それは誤解だと思います。議員は地域のリーダーとして現場で活躍しています。被災状況、復旧復興に関する問題点を把握したり、被災者からさまざまな相談を受けたりして、それを行政に伝えています。議員それぞれが情報や提案を行政に示すと、行政が止まってしまうので、議員たちが情報をタブレット端末などで共有し、まとめて提供するようになってきています。

緊急時に首長が地域の情報をすべて持っているわけではありません。地域のことは個々の議員が、そしてその集合体である議会が一番よく知っているのです。だから、改正法に関しての条例も議会が主導してつくるべきなのです。残念ながら、メディアは議員活動をほとんど報道しません。そのことも、議会についての誤解を生む要因でしょう。議会としても非常事態に対応できる運営をつくることは前提ですが……。

——冒頭の「答申の肉離れ」で指摘された「指定地域共同活動団体」の部分については、どうですか。

江藤　どうにも解せない部分があります。たとえば、長野県飯田市などでの活動が広く知られている「まちづくり委員会」や、政策の具申をする地域協議会は条例で設置されています。また、地制調でも参照されている地域運営組織（名張市、明石市、豊中市、茅ケ崎市）、地域の共助を支える団体（千葉市の地域運営委員会、長野市のＮＰＯ）などの活動は重要です。それぞれの地域にあわせて参考にすべきです。そんな現状を超えたのが改正自治法です。指定地域共同活動団体の特権、具体的には市町村による支援、調整への要請への対応、随意契約、行政財産の契約例外などは、いわば「えこひいき」になるでしょう。それによって、多様な主体による地域経営は成立するのでしょうか。議会は、条例制定にはかかわるけれど、指定にあたってはかかわらない立て付けになっています。自治会・町内会の「衰退」、役場・出張所の空間の余裕なども理由になっていることは理解できますが……。

自治法の発想は基本的には競争入札なのに、今回の改正法では堂々と随意契約ができるようにしています。どういう基準で、どういう団体を選定するのでしょうか。また、市町村は、その団体を支援することも、関連性の高い活動の調整を要請すれば市町村長は応えなければなりません。これらは義務となっています。いろんな団体がそれぞれ頑張っているのに、なぜ、特定の団体だけを差別化して指定して「特権」を与えるのでしょうか。

――市町村長ら執行部と関係の深い企業や団体が優遇されたり、逆に執行部と緊張関係にある団体が遠ざけられたり、しかねないですよね。

江藤　もし、市町村長がそんな「えこひいき」の可能性のある条例案を出してきたら、地域の分断をあおるだけです。また、指定地域共同活動団体にお任せする受動的な思考をまん延させることにもなりかねません。それぞれの地域に、多様な主体が共生する仕掛けをつくることが必要なのであり、すでに指摘した最初の答申にあった「議会の役割の重要性」に鑑みれば、議会が粛々と否決すればいい話です。このあたりが改正法に対応する議会側の出発点になるのかもしれません。とにかく、地域における多様な主体に聞いてみることです。そもそも、議会は「普通地方公共団体の区域の公共的団体の活動の総合調整に関すること」は議会の議決事件（事項）のひとつなのですから（地方自治法第96条1項⑭）。

――では現時点で、議会側に改正法に即して条例をつくる、あるいは恣意的な条例は排除するなど、今後の対応について具体的なイメージや心づもりがあるのでしょうか。

江藤　まだ、ないんじゃないでしょうか。法改正反対を唱えた首長や、反対の意見書を議決した地方議会はありますが、それらは廃案をめざしていました。それは今後も重要です。しかし法律は成立して、国からの補助金による誘導も考えられます。法律に問題であれば、その換骨奪胎を図ることも必要です。具体的には随意契約や特定の具申を排除することなどです。議会として地域の多様な主体や住民と「公共私の連携」について議論することから出発すべきでしょう。それが分権改革の果実を活かす道だと思います。

閉塞状況にどう立ち向かう

――分権の逆行は中央集権化そのものであり、今回の改正法はその象徴的な一撃に見えます。このまま分権改革は後退し続けるのでしょうか。

江藤　分権改革の歴史を振り返れば、１９９０年代は分権改革だけで進んだわけではありません。政治改革や首都機能移転の問題とともに語られていました。それは政治システムが閉塞状況にあるなか、それらを変える必要があるという共通認識のもとでの改革論議だったと思います。

――そうでした。戦後の日本の発展をリードしてきた「官主導」が行き詰まり、いわゆる「官から民へ」の掛け声のもと、広く社会構造を見直そうとしていました。衆院への小選挙区制導入といった政治改革と、地域の自律をめざした分権改革は表裏一体の関係でしたし、金融・財政については大蔵省（現財務省）が箸の上げ下げを指示するのではなく、もっと市場に任せようという経済構造改革がありました。司法制度改革では裁判員制度の導入などもありました。そうした改革の一翼として分権改革の旗も振られていました。

江藤　いまも閉塞状況にあります。当時よりもっと閉塞しているのだけれど、どういう方向に変えてゆくのか、というのが一向に見えていないんですね。そんな現状も、なかなか分権改革が進まない一因だと思います。

分権改革は、明治維新、戦後改革とならぶ大改革といえるかどうかは歴史が判定するでしょう。

改革は直線で進むわけではありません。分権の逆転が進むことはある。それをさらに逆転し、改革の路線に戻すには、地方六団体、国会議員にも期待しますが、やはり現場を知る住民、地方議員、首長や行政職員の努力とネットワークが必要でしょう。この間、これはしっかりと育っています。

――では最後に、社会の閉塞状況の中での今回の地方自治法改正を受けて、改めて地方議会のみなさんに掛ける言葉がありますか。

江藤　「国の指示権」の拡大は、何かあったら「現場」より国を優先し、現場は思考停止という構造を招きかねません。「何かあったら」＝非常事態でのこの発想が、通常状況での思考にも浸透する可能性もあります。「現場から」の発想とは逆行します。

むしろ、通常状況の活動が非常事態でも役立つという、「現場から」の発想が必要になっています。繰り返し述べたように、第33次地制調の最初の答申でも地方議会の役割が明確になっています。また、第32次地制調答申でも、「議会は、地域の多様な民意を集約し、団体意思を決定する機能や政策を形成する機能、執行機関を監視する機能を担っており、民主主義・地方自治に欠かすことのできない住民を代表する合議制の機関として、独任制の長にはない存在意義がある」と、首長とは異なる議会の役割を明確にしています。議会は、通常状況はもとより非常事態でも首長とは異なる役割を発揮するということです。

こうした活動は、広がっており、これは非常事態でも役立ちます。そして分権の逆行を防ぐ防波堤にも、分権を進める歯車にもなります。先にも触れましたが、すでに議会ＢＣＰ策定と実践、オンライン議会の模索も行われています。「地方議会が地方を、そして国を変える」という北川正恭さんの言葉をもう一度確認したいですね。

――地方議会の役割から改正自治法の問題を指摘していただきました。ありがとうございました。

江藤　最後の最後に、もう一言。「国の指示権」の拡大は分権の逆行だけではありません。宮藤官九郎さん脚本の『新宿野戦病院』というドラマがありました（注5）。コロナの次に襲ってくる新たな感染症に臆病になり、思考を止める医者に対して「緊急事態だからといって、自分の頭で考えることまで放棄するな」とアメリカ軍医の経験を持つ主人公は言い放つのです。

ドサクサに紛れて大幅改悪を行う「ショックドクトリン」に注意を喚起している堤未果さんは、「災害ショックドクトリン――危険な閣議決定はこっそりと」と題して、今回の自治法改正は地方分権に逆行している、従来の法体系で対応できると警鐘を鳴らしています（注6）。地方の創意を萎えさせるだけではなく、自律的な住民を育てなくさせると指摘しています。その意味でも自治の逆行なのです。

（注1）
【改正前】
第89条　普通地方公共団体に議会を置く。
【改正後】
第89条　普通地方公共団体に、その議事機関として、当該普通地方公共団体の住民が選挙した議員をもつて組織される議会を置く。
② 普通地方公共団体の議会は、この法律の定めるところにより当該普通地方公共団体の重要な意思決定に関する事件を議決し、並びにこの法律に定める検査及び調査その他の権限を行使する。
③ 前項に規定する議会の権限の適切な行使に資するため、普通地方公共団体の議会の議員は、住民の負託を受け、誠実にその職務を行わなければならない。

江藤俊昭さん

（注2）「補足説明資料（非平時に着目した地方制度のあり方関係）」（第33次地制調専門小委員会第18回資料（２０２３年9月11日）

（注3）２０２２年末現在。第32次地制調答申後、第33次地制調設置前に設置された研究会も含む。出典は、堀内匠「２０００年以降の総務省自治行政政策における地方制度調査会」『北海学園大学法学研究』第59巻第４号（２０２４年3月）参照

（注4）大森彌「第29次地方制度調査会の答申を検証する」『地方議会人』の２００９年8月号

（注5）フジテレビ『新宿野戦病院』「未知のウィルスの脅威！タイムリミットは発熱後の5日間」２０２４年8月４日放送

（注6）堤未果『国民の違和感の9割は正しい』（ＰＨＰ新書、２０２４年）

地方議員座談会

どうする、指定地域共同活動団体の条例

随意契約で「癒着」の公然化も　議会の力量が厳しく問われる

改正地方自治法の課題について、自治総研で財政研究会を自主的に開いている首都圏の地方議員が語り合った。

発言者は野村羊子（東京都三鷹市議）、辻よし子（同あきる野市議）、今井照（自治総研特任研究員）。それに増田かおる（千葉県松戸市議）、内田あき子（埼玉県八潮市議）、さわいめぐみ（東京都新宿区議）がWEBで参加した（敬称略）。

司会は坪井ゆづる、其田茂樹（2024年9月、地方自治総合研究所会議室にて）

――三鷹市議会は2024年3月に、改正地方自治法に関する意見書を可決したそうですね。

野村　同僚議員が小平市で出された意見書をベースに作りました。「地方自治の自主性・自立性が守られることを求める意見書」（注1）です。ぎりぎり、賛成多数で可決しました。

司会　坪井 ゆづる

――あきる野市はどうですか。

辻　政府のやっていることに疑問を呈するような意見書は、あきる野市ではほぼ通りません。半数以上が自民党で公明党と合わせると3分の2占めますから。私は9月議会の一般質問で、改正自治法で定められた指定地域共同活動団体制度の問題を取り上げました。

――その指定地域共同活動団体の問題は本日のメーンテーマになりそうなので、後ほど改めてうかがいます。まずは、他に意見書を出した議会はありますか。

内田　八潮市は6月議会に3会派から改正反対の意見書が出て、共産党が一本にまとめる形で提出しましたが否決されました。私は意見書への賛成討論をしたのですが、反対討論する議員はいなくて、「反対がないのに賛成討論しちゃダメ」って自民会派が言っていたようです。

さわい　新宿区議会の2月、3月の決算特別委員会で、改正内容についての疑義と、区の受け止めを質問しました。意見書もつくりましたがひとり会派の悲しさで、議論の台にも上りません。賛成も反対もなく理事会で跳ねられました。

増田　松戸市議会では意見書は出していませんが、6月議会で同じ会派の議員が質問しました。懸念を示したところ、市側は懸念があることも、評価があることも聞いておりますと言って、「これからも注視していきます」という答えでした。

野村 羊子
東京都三鷹市議。5期目。子どもの本屋店主。並行して女性相談、セクハラ裁判支援活動などの市民活動に奔走。仲間に推されて立候補。市民派無所属。

辻　よし子
東京都あきる野市議。2015年初当選。小学校教員を経てタイの農村で教育交流活動。「3.11」を機に仲間と草の根市議の誕生をめざす。無所属1人会派。

国の出方待ち行政が常態化

——次に、改正自治法に関連する条例を行政側が既に出してきたという自治体はありますか。

辻　まだ国から何も言ってきてないから、それより先に条例を作ることは、まずありえないですね。国から雛型みたいなものが来て、それを基に条例案を作るというイメージですから。

野村　そうですね。関連する政省令ができて、Q＆Aができて、それに従って、ですね。

辻　でも逆に言うと、それが出てきてしまうと、それにみんな、なびいてしまいますからね。

野村　Q＆Aとかが出てくるまで待っているという現在の自治体の状況そのものが、そういうことに馴らされてしまった、この10年、20年の自治の現場だということだと思います。

辻　個人情報保護法の時がまさにそうでした。本当にひどかった。

野村　そうそう、個人情報保護に関しては1990年代、自治体が三鷹市なども早いうちに条例を作って実績を積み重ねてきたのです。あとから国の法律ができて、その歴史を完全に塗り替えていったわけですよ。それぞれの自治体がいろいろやっていたものを、ビッグデータとして使いにくいから、企業がデータを取りにくいから変えろ、みたいな話でね。

分厚いQ＆Aを作って、いちいちそれはだめ、それはこうしなくちゃいけないってことを言ってきました。とにかく違うことを許さないって、国が締めつけてきてね。今回の改正自治法のベースはそこですから。

辻　個人情報保護審議会も、あきる野市を含めてほとんどの自治体で実質的になくされてしまいました。市がいろんな事業で個人情報を使う時に、専門家の前で説明して、質問を受けて、それに答えて、といったやり取りが審議会であったんですよ。その中で問題点に気づくこともありました。

——審議会をなくせ、と国が言ってきたのですね。

野村　そうです。審議会は必要ありません。国が全部判断します。国の個人情報保護委員会が判断しますから、自治体で判断する必要ありませんって。それが国の姿勢だったわけです。

営利法人が役所の一角に

――個人情報保護という市民に関わりの深い条例に関しても、国の方針に抗えなかった現実の中で、今回の改正自治法の話に戻すと、地方議会が主役になるのは指定地域共同活動団体制度の条例づくりでしょう。辻さんは9月議会で、どんな質問をされたのですか。

辻　最初に「指定地域共同活動団体は、市長が必要と判断した場合に限って指定するものであり、市民自治に基づく協働の観点から、その必要性を慎重に判断すべきと考えるがいかがか」と、市の見解を求めました。答弁は「制度を使うと仮定した場合の課題や効果を研究していく」というもので、制度ありきで進めるわけではないことは確認できました。ただ、指定団体に優遇的な支援や特権的地位が与えられる可能性があること、その透明性や公平性をどう担保するのかなど、いろいろな問題点を質しましたが、市独自の法解釈は示されませんでした。質問を通告した時点では担当部署も未だちゃんと条文を読み込めていなかった様子で、市はそれほど影響がある制度だと思っていないのかなという感じでした。

内田　9月議会での質問にあたって、行政側は当初、「指

内田　あき子
埼玉県八潮市議。2020 年八潮市学校給食食中毒事件を機に市議をめざす。21 年初当選。1 期目。全国フェミニスト議員連盟共同代表。

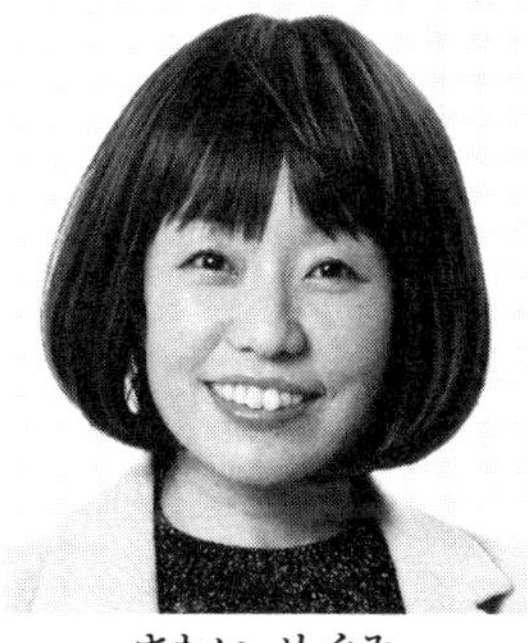

さわい　めぐみ
東京都新宿区議。1 期目。核燃料再処理施設の試験稼働をきっかけに脱原発運動に連帯。れいわ新選組所属。

定管理者みたいなもんですよね」という感じでした。委員会で指定団体の役割を質問したところ、「地域社会を取り巻く環境が厳しくなる中、住民への公共サービスにおいて、地域の多様な主体との連携協力が推進できるものと期待している」という答弁でした。団体の運用方法については「今後国から示される内容等を確認した後」に調査研究するそうです。条例制定時に専門家の外部委員を置くかも聞きましたが、「設置は考えていない」との答えでした。

野村　この改正自治法で具体的に現場がどうなるのか、が非常に見えにくいと思います。条文では、指定する相手先は単に町会、自治会だと思わせる書きぶりですが、そこが問題なんです。町会、自治会が公《おおやけ》に契約して、補助金をちゃんともらって、人を雇ってやれるならいいではないか、と保守系の人たちは思うでしょう。そうなれば、条例もするっと通ると思いますよ。

でも現実はきっと、そうじゃない。企業が会員、メンバーとして入ってきて、そこが請け負う。形式的には町会、自治会の名前かもしれないけど、実質は企業が入ってきて運営して、公共サービスの中抜きをするみたいなことになるだろうなと思っています。

だから随意契約で、そういう企業が市役所、あるいは市政センター窓口の一角に入ってきて、その企業が公共サービスを提供しますという感じ。町会、自治会の代わりに赤い羽根募金を集めたりしながら、実際はそうじゃないところでお金を稼ぐってことになるのかな、と思っています。

――今井先生、この野村さんの懸念をどう思われますか。

今井　当然の懸念です。市町村の対応は二つに分かれると思います。地縁団体に傾いていくのか、事業に傾いていくのかですが、その併用もありえます。その選択は自治体に任されています。月刊『地方自治』の7月号と9月号に総務省の官僚（いずれも法改正後に異動）が、この団体制度について書いていますが、それによると、要は自治体が条例で決めるのだからと、全部条例任せにしています。

というのは、もし地縁団体に傾いた場合、法律上に明記してしまうと憲法上の疑義を招きかねない可能性を含むからです。たとえば地制調の審議や答申では市町村長に対するこの団体の「意見具申権」が例示されていました。戦時中に制定された「部落会町内会等整備要領」の常会をイメージさせます。つまり法律では決められないから条例でやってね、ということです。だから、これから市町村で策定する条例がいかに重要か、という話なのです。

――地縁団体か、事業系団体かに分かれるという見立てですね。

今井　地縁団体に傾くのも、事業系団体に傾くのも、かなり危険です。地制調に提出された事務局資料で先進事例として挙げられている市では連合町会単位の地縁団体（地域協議会）しか指定できないようになっています。そこを行政の一組織として扱っていて、役所の中に事務所が置かれています。事務局の人件費も払われていて、他の団体、ＮＰＯなどは全く指定されない仕組みなのです。

辻　その市は、そんなに地縁団体の足腰が強いのですか。

今井　もちろん行政としては、そこにいろいろな仕事をやってもらいたくて、そのために支援をしているのでしょうが、そこだって高齢化して人手が足りなくなっているんです。結局は時間が経つにつれて業務を担いきれない部分が出てくるわけです。だから、いずれどこかの企業が何らかの形で入らない限りは対応できないですよ。

増田　薫

千葉県松戸市議。３期目。「3．11」の原発事故で松戸市が放射能汚染のホットスポットになったことを機に市民運動に関わる。無所属、市民派議員。

今井　照

地方自治総合研究所特任研究員。元福島大教授。『「転回」する地方自治』（上）筆者。『地方自治講義』『原発事故―自治体からの証言』（ちくま新書）など編著書多数。

野村さんが懸念されたような、営利的な法人が関与する可能性へのご心配は当然なのです。

――営利的な法人も指定できるのですね。

今井　総務省の官僚は「営利企業については、その本来の目的が、地域的な共同活動を行うことであるとはいえないため」「指定対象にはならないと考えられる」と書いていますが、法律にそんな記述はないです。法律には「住所を有する者を主たる構成員とする団体」とある。地方自治法の解釈でいうと、住所を持つ法人も住民なのです。総務省から何か文書が来た時に、これは非営利でやるのですと書いてあるかもしれない。一方で、指定団体が営利企業に事務を委託することまでは排除されていません。私の考えでは非営利に特化する方がむしろ非現実的だと思います。現実に企業や商店主の人たちも地域で活動に参加しているわけで、営利だからダメなのかというと、地域の事情としてはそうはいかないと思いますね。むしろ営利企業の参加を認めて、その代わり随意契約や行政財産の無期限貸付などの法の特例などは与えないとするべきではないかと私は思います。そこらあたりもすべて自治体側の条例制定に投げられているのが現状です。

市民団体が行政の下部組織に

――増田さんから「行政がどこまで具体的に考えているかわかりませんが、新制度で自治会や市民団体が行政と対等ではなく、上下関係になるという懸念はあるのでは」という指摘が届いています。どういう意味ですか。

増田　いまは曲がりなりにも自主的な組織で、行政の下とか上とかいう関係ではなくて、一応対等なのです。でも、随意契約になって市の手足になっていくと、随意契約をほしいから、異を唱えるところは不利になるかもしれないという懸念を感じますね。

――首長に従順でない団体は排除されてしまいかねないということですね。

今井　要するに指定地域共同活動団体を市町村という役場の下に位置づけるという、そういう統合的な組織を多分、作ろうとしているんですね。自治会、町会を行政の一組織として位置づけて、「この仕事を下ろしますよ」っていう、まさに上下関係、上から下への関係にしようとしている。

辻　結局、行政の職員だけじゃ手が回らないなかで、やってくれるところにお願いするみたいな形で動くってことですよね。そこで随意契約ができるという点が、やはり気になります。指定管理者制度より、ずっと緩い感じで、要するに市長が指定すれば、そこに頼めるということですよね。

今井　もちろん指定管理者制度にも問題はありますが、一応、議会でそれなりに具体的に議論されますからね。だからこそ、条例で指定管理者制度と同じように指定地域共同活動団体を指定するプロセスを入れることが大事なのです。

野村　選定委員会を作るとか、議会にかけるとかっていうのは、条例で決めることはできるわけですね。

――そうすると、意見書を通した三鷹市など、政治的な発言力のある議会は条例で恣意的な運用への歯止めをかけられますね。

野村　それは違います。意見書は通りましたが、三鷹は市長提案の議案は全て丸のみする議会です。自民、公明、立憲、都民ファーストが与党で過半数を占めていますから、修正されることもありません。私は5期目ですが、議案が否決されたことはないです。大体の地方議会がそうですよ。

辻　でも、三鷹市とか小金井市みたいに、議会に力があるところは議員提出議案で、条例を作ればいいのではないかと思うのですが。いろいろ縛りをかける内容の条例を議員提出議案として、市側が出すより先に出すとか。

野村　先に出したら簡単に否決するか、市側が出すまで継続審議にしておくかですよ。これに関して市が条例を出さないわけがないから、自民、公明は市側がどうするのかを聞きに行きますね。市の動きを聞いて対応を決めるから、市側がするように動くんですよ、彼らはね。実際に、この3月の議会で議案上程された人権条例について、市民から修正を求める陳情が出て、私が修正提案をしました。委員会内ではギリギリこの文言だけの修正、というところまで話したけど、与党が市側に確認した結果、修正には応じないとなり、否決されました。

辻　だけど本来、首長はそこまで国から言われたままの条例にする必要はない、と思うんです。常任委員会の所管事務調査として取り上げるとか、特別委員会を作って、条例案を揉んでいくとかはできないですかね。

野村　まあ、いまは無理ですね。やれれば面白いと思うけど、20年ぶりの基本構想改定でも前回のような特別委員会は作れず、総務委員会で修正協議しましたけれど、市側がのめる微修正だけに終わりました。

団体に、どんな事業をやらせるのか

——では、行政側はどんな狙いの条例を出してくると考えますか。

野村　町会、自治会をどうするかというのは大きな課題だから、この制度で解決できるかもしれないって思ったらやるでしょうね。町会、自治会の弱体化を何とかしてほしいっていうのは、保守系からものすごく上がってきている声なのでね。

だけど、その団体にやらせる業務って、いったい何なのか。市から来た回覧板を配るとか、災害の時には要避難配慮者の名簿に沿って「大丈夫ですか」って声を掛けるとか、そういうのを任せたいのかね。それが、ちょっと見えなくてね。

三鷹の場合は中学校区とほぼ同じの7住区に分けてコミュニティセンターを作り、住民協議会というところに委託しています。そこの事務局長は市役所の退職管理職で、3、4人の事務職を雇っています。指定管理者制度と事業委託で何千万円もの市費が出ていて、それで会館の運営とか、市から降って来る環境講座とか親子広場とか、地域のケアで高齢者の相談ルームとか、いろんな事業をやっていますよ。

今井　恐らく、その指定管理者を外して、新たな制度を使おうということになるのでしょう。そっちの方が行政は楽だから。その結果、ますます行政協力事務が増えてしまうかもしれない。それで、ますます町会、自治会が疲弊してゆく。強化してゆくという話に全然ならないんです。

——ほかに、こんな事業を想定しているのかも、というご意見はありますか。

さわい　新宿区では「区長と話そう、しんじゅくトーク」というのをやっていて、区民と区長が直接、やり取りしています。町会からは業務負担がすごい、無駄な書類が多いから、ただでやるのは本当に辛い、といった話が出ていました。ある町会長から雑談で「町会の票は自民党だから」と聞いたことがあります。一方で町会の人材不足も課題になっていて、区は町会支援の施策を始めています。この地方自治法改正とも関係があるのかもしれません。

内田　八潮市はそもそも町会長の市議会議員が多いです。議員になって3年ですが、町会の加入率が20％ぐらい落ちて、今は50％くらいです。それとＰＴＡの解散も進んでいます。ＰＴＡ活動をしている人が町会、自治会の会長とかになるケースも多いので、担い手が減るのを相当懸念している様子ですね。野村さんの話を聞いていて、なんかそういうことなのかって納得してしまいました。

随契で「癒着」の公然化も

――都市部ではなく、人口が減って地域運営組織などをつくって頑張っている地域には、この新たな団体制度が有効ではないのですか。

今井　もちろん総務省はそう言っています。彼らが主たる対象と考えているのが地域運営組織なのです。たとえば、今まで農協のやっていた仕事、ガソリンスタンドをやるとか、売店やるとかを、そういう組織にお金を出して、という話になります。

――地域運営組織にとって、この改正法によるメリットがあるのですか。

今井　メリットというか、指定されたら、その仕事は義務になるわけです。今のようにどんどん人が減って、人手が足りなくなってくるところで義務として課せられたら、誰かの手を借りなきゃいけない。そこに先ほど野村さんがおっしゃったような心配が出てくるわけです。営利法人が入ってくれれば、事業のノウハウもありますし、地域運営組織としても助かります。いずれその人たちが運営するようになるだろうと思いますよ。

——たとえ営利法人が入ってきても、地元の住民にしてみたら、ガソリンスタンドや売店が続くのならばいいではないか、となりませんか。

今井　なるでしょうね。

野村　問題は、それが税金で運営されるってことですよね。

今井　そうです。で、それが言い方を変えれば癒着になるわけです。市町村からのお金が指定地域共同活動団体を「中抜け」して営利企業に流れていくことになりかねません。それが正当な対価であるうちはよいのですが、5年、10年して人も変わってくれれば、随意契約で競争性もないので、いずれ「言い値」になっていくでしょうし、既得権にもなります。先ほども述べたように私個人は営利企業を排除するべきではないし、むしろ力を借りなくてはならないと思っていますが、まずいことがあればいつでも交代できるという仕組みにしておくべきなので、随意契約のように各種の法の特例を適用するべきではないという考えです。現に、あちらこちらの市町村で特定の営利企業が入り込んで「公金を喰い物」にしている事例があるわけです。

辻　その癒着が公然と行われるようになるっていうことですよね。ある意味ね。

野村　だって随意契約だもんね、全部ね。随契があれば、わざわざ公募はしませんよ。公平性を考えて、随契はできるだけしないようにっていうのが本来の公契約、入札のあり方なのに、それをしなくていいなら、そんな面倒くさいことしないですよ、となります。

議会の果たすべき役割は

——確かに、江藤俊昭先生も随意契約だと、えこひいきを懸念されていました。

辻　あきる野市での一例を挙げれば、市が第3セクターに指定管理をしている施設で、市長と非常に結びつきのあるところに外部委託した事業がありました。応募した3者の中から選んだのですが、選定過程の資料を情報公開で見てみたら、どう考えても出来レースでした。それを議会で問題にしたのですが、空気感としては「まぁいいじゃん」という感じで、済まされてしまいました。受託したのは地域でも一生懸命に頑張っていると言われている若手社長の会社で、市長とも仲がいいことは知られていました。それが今回の制度が始まれば、「まぁいいじゃん」どころか、もう法律でいいんですよという話になりかねない。

今井　その時点では「いいじゃん」かもしれないけれど、5年、10年とそれがずっと続いていく。もしくは違う政治勢力が入ってきて、恣意的にひっくり返すとかっていう、そういう元になりますよね。

――誤解を恐れずに言えば、今もある意味で癒着しているけれど、それが公然と癒着すればいいじゃんの世界になりかねないという話ですね。念のために確認しますが、指定管理者制度は議会がちゃんとチェックできているのですか。

野村　制度的にはね。選定過程は木で鼻をくくったような資料しか出てこないし、それはある種の出来レースだけど、これはおかしいとか、これで本当にいいんですかという議事録は残せる場はあります。それが新制度では、市民の間でもモヤモヤしたまま、議会としては「市長が勝手に決めたんだもの、私たち議会は何もできないんです」って何の説明もできなくなるのでしょ。

――なるほど。いよいよ議会の力量が問われる局面なのですね。

野村　でも、問われる議会の方が結構、体をなしてないので……。

辻　そうなんですよ。問題はそこなんですよね。議会が本当の意味でブレーキをかけられるのかというと……。

――でも、江藤先生は議会が一番、地域の情報を持っているのだから、そういう条例が出てきたら粛々と否決すればいいとおっしゃっていますけど。

野村　否決、できるといいなあ。

辻　市長提案の議案が否決された議会なんて、ほとんどないから、繰り返しますけど、条例を作る時が勝負ではないかと私は思います。市側から出てくる前に何とかしないと。

――みなさんは次の議会で、ガンガン質問するぞ、という覚悟なのでしょうね。

さわい　新宿区議会は1議会あたり、1議員の一般質問の持ち時間はたったの9分なんです。いつも時間が足りないので、取り上げるのが難しいかもしれません。意見書はしつこく出していこうと思いますが。

内田　こうしてくれ、という質問でなく、こういうことはやらないよね、という承諾だけを取るような聞き方をしていこうと思います。

増田　確かに、これはやらないと約束してくれ、という質問はできるかもしれませんね。

デジタル標準化も大問題

――改正自治法で、言い足りないことはありますか。

野村　デジタルのシステムを標準化することはすごく大きな問題だと思います。三鷹の独自性は、もう要らない、国がこうやってやるのだから、同じようにやりなさいっていう話でしょ。個人情報保護法もそうだったけど、自治体として必死に自分たちで先を見ながらやってきたところを全部なしにされる。独自性、自主性が一切なくなるんですよ。

なぜ統一化したいのかと言えば、大手デジタル企業が簡単に参入したい、システム改修でもなんでも、どこでも受注できるようにするためでしょ。だけど、税の徴収も国のシステムを使えと言われていますが、本当に一括してやっていいのか心配です。滞納したら延滞金を徴収するわけだからね。市民に直接マイナスがいくような話を全部統一化するなんて、やめてよって思います。分散化した方がセキュリティー上のリスクも絶対に下がるのに、そういうところは全然、話題になってませんね。

――岸真紀子参議院議員もデジタルの標準化を非常に危惧されていました。

辻　今回の指定団体の制度は「指定することができる」という「できる」規定なので、みんなが問題点を挙げてワイワイ言えば、行政側は急いで条例化せず、とりあえず様子を見ようか、ということにならないでしょうか。ちょっと甘い期待かもしれませんが。

この法律以外のことで言えば、国がやっていることって、現場の職員と話すと、いい迷惑だという話がいろいろあります。マイナ保険証のこととか、みんなおかしいな、こんなことやりたくないな、と思いながらやらされることに慣れてしまっています。この閉塞感を、どうしたらいいのかって本当に思いますね。市民自治も足腰が弱くなっているので、議会でうるさく言う人が一生懸命言うしかないのかなと思っています。

自治体の思考停止を憂う

増田　いま何というか、自治体は本当に思考停止ですね。とにかく職員は、もう文句言わないでやりますからっていう感じです。マイナンバーの関係でも、急に国から「はい、やってください」ってくると、「ギャッ」って言いながらも、短時間でみんながやっつけ仕事をやる。市長が「ちょっと待ってくださいよ」と言ってくれなくて苦しむのは、いつも職員です。こういう仕事なのだ、そういうものだと思い込んでやっているっていう感じです。本当に今こそ自治って何だ、コモンって何だということを考えていく時だなって思います。

さわい　新宿区議会では今、放射能汚染土再生利用実証事業や神宮外苑の再開発の問題なども大きな問題となっていますが、どんなに区民の声を届けても「国が決めたことだから」「反対意見はあるものだから」と充分な議論と合意形成が図られません。今回の地方自治法改正は自治体と国との対等な関係を阻害するものと指摘がありますが、改正しなくても既に充分に上位下達が浸透していると感じます。民主主義とは、といつも考えさせられます。

内田　八潮市は計画書とかも全部コンサルにまる投げで、形はかっこいいけど、何言ってんだこれ、みたいなのが出てきています。上から来たら、それに従えばいいという感じは、同じです。ずば抜けて一生懸命やっている自治体の調査はしないで、近隣自治体だけちょっと見て、他もやってないからいいかみたいな。そういう右へならえ的なところがすごくあります。

うちは職員の離職率がすごく高いです。仕事が面白くないと言って、30代ぐらいの方が辞めちゃうケースとか、ここ数年とくに多いです。何なんだろう、このモヤモヤ感は。市長はまず議会で答弁しないし。

野村　あるある。質問すると「まだやんのか」みたいな、ね。だから一生懸命な新人議員が嫌がらせされたりするんだよね。

――いやはや、トホホな実態がよくわかりました。余談ですが、私は2011年の統一地方選の際に朝日新聞で全議会アンケートをやって、過去4年間に①首長提案の議案を1本も修正も否決もしない②議員提案の条例を1本もつくっていない③議案に対する個々の議員の賛否を明らかにしない、の3つともに当てはまる議会を「三ない議会」と批判しました。みなさんのお話をうかがっていると、あまり変わっていないというか、逆に悪くなっているのではないかとさえ感じました。

（注１）三鷹市の意見書

意見書（案）第11号

地方自治の自主性・自立性が守られることを求める意見書

上記の意見書（案）を別紙のとおり提出する。

令和６年３月27日

三鷹市議会議長　伊　藤　俊　明　様

提出者　三鷹市議会議員　伊　沢　けい子
賛成者　　〃　　　　　　大　城　美　幸

地方自治の自主性・自立性が守られることを求める意見書

大規模災害や感染症などの非常時であれば、個別法に規定がなくとも、国が自治体に必要な指示ができるようにする地方自治法改正案が、政府によって今国会に提出された。政府が閣議決定の手続を経れば、個別法の規定がなくとも、自治体に対し法的義務を持つ指示を行うことができることを規定する内容である。

地方自治法は、第１条において、「この法律は、地方自治の本旨に基づいて、地方公共団体の区分並びに地方公共団体の組織及び運営に関する事項の大綱を定め、併せて国と地方公共団体との間の基本的関係を確立することにより、地方公共団体における民主的にして能率的な行政の確保を図るとともに、地方公共団体の健全な発達を保障することを目的とする。」と定めている。

しかし、今回の改正案は、「地方自治の本旨」とされている地方公共団体の「団体自治」及び「住民自治」という２つの意味における地方自治の確立とは相入れないものである。また、地方自治法第245条の３、普通公共団体に対する国の関与は「必要な最小限度のものとする」と定められていることにも反するものである。

よって、本市議会は、国会及び政府に対し、政府の統制力がいたずらに強められることなく、地方自治の自主性・自立性が守られるよう、下記の事項を強く求める。

記

1　地方自治の本旨に基づき、地方公共団体の団体自治や住民自治を制限するような地方自治法改正は行わないこと。

上記、地方自治法第99条の規定により、意見書を提出する。

令和６年３月27日

三鷹市議会議長　伊　藤　俊　明

〔資料〕

参議院総務委員会附帯決議（2024年6月18日）

〔令和六年六月十八日
参議院総務委員会〕

地方自治法の一部を改正する法律案に対する附帯決議

政府は、本法施行に当たり、次の事項について適切な措置を講じ、その運用に万全を期すべきである。

一、本法によって創設する国と普通地方公共団体との関係等の特例の対象となる「国民の安全に重大な影響を及ぼす事態」については、国と地方公共団体の認識や対応に違いが生じることのないよう、当該事態に該当するか否かを判断する考え方を可能な限り明確にし、速やかに地方公共団体に周知すること。

二、国民の安全に重大な影響を及ぼす事態が発生し、又は発生するおそれがある場合においては、当該事態に適切かつ効果的に対処できるよう、デジタル技術の積極的な利活用や、地方公共団体への情報収集及び連絡のための要員の派遣などによって、関係地方公共団体との双方向での迅速かつ円滑な情報共有・意思疎通に努めること。この際、地方公共団体に過度な負担とならないよう十分に配慮すること。

三、生命等の保護の措置に関する指示を行うに当たっては、状況に応じて、あらかじめ関係地方公共団体等との協議を行うなど、事前に関係地方公共団体と十分に必要な調整を行うこと。

四、生命等の保護の措置に関する指示については、地方公共団体の自主性及び自立性に極力配慮し、個別法を制定又は改正するいとまがない場合であって、かつ、当該指示以外の措置では目的を達成することができないと認められる場合に限定してこれを行うようにすること。また、当該指示の内容は、目的を達成するために必要最小限のものとするとともに、地方公共団体の意見や地域の実情を適切に踏まえたものとすること。

五、生命等の保護の措置に関する指示を行った場合には、その旨及びその内容を速やかに国会に報告するとともに、国会報告の内容については、国会における検証と個別法に関する議論に資するものとなるようにすること。また、当該指示について、同様の指示が再度行われることのないよう、地方公共団体等の関係者の意見を聴いた上で十分な事後検証を行い、その結果に基づいて、迅速に個別法の規定の整備に係る必要な法制上の措置を講ずること。

六、生命等の保護の措置に関する指示に基づき、地方公共団体が事務を処理する場合にあっては、これに要する経費の財源や必要な人材を適切に措置するなど、国が責任をもって当該地方公共団体を支援すること。

七、国民の安全に重大な影響を及ぼす事態が発生し、又は発生するおそれがある場合において、国又は都道府県による応援の要求及び指示並びに職員の派遣のあっせんについては、個別法による措置が可能な場合には個別法によること。なお、個別法による措置を含めた応援の要求又は指示並びに職員の派遣のあっせんが行われる場合においては、応援や職員の派遣を行う側の地方公共団体の実情を適切に踏まえること。

八、総務大臣は、国と地方公共団体との対等な関係を踏まえ、各大臣による地方公共団体の長等に対する応援の要求又は指示が、各大臣により独断的・一方的に行われることがないよう、運用の考え方を周知するなど本法の適正な実施の確保を図ること。

九、各大臣による職員の派遣のあっせんについては、総務大臣が事前の調整に協力するなど、あっせん及び職員派遣の円滑な実施を確保するために必要な措置を講ずること。

十、本法の規定に基づく応援や職員の派遣が行われる場合にあっては、これまでの災害時や感染症まん延時の事例も踏まえ、これに要する経費を負担する地方公共団体に対し、適切な財政措置等を講ずること。また、事態発生市町村等への応援や職員の派遣を適時適切に行うため、各地方公共団体における多様な職種の職員の充実を図ることや、都道府県・市町村の連携等による広域的な人材の確保及び活用の在り方について、必要な検討を行うこと。

十一、国民の安全に重大な影響を及ぼす事態に的確かつ迅速に対処するためには、その前提として、地方公共団体の規模・能力に応じ、適切に権限が配分されている必要があることに鑑み、都道府県から指定都市等への権限移譲を始め、更なる権限移譲を推進すること。

十二、公金収納のデジタル化に伴う各地方公共団体のシステム改修については、国が必要な財源を確実に措置するとともに、既に地方公共団体情報システムの標準化等により、地方公共団体に大きな負担が生じていることに鑑み、過度な負担を強いることとならないよう留意すること。

十三、地方公共団体が、サイバーセキュリティの確保の方針を定め、必要な措置を講ずるに当たっては、一定の水準を確保するために関係行政機関や関係団体と連携・協力し、知見の共有や研修の充実、デジタル人材の確保・育成等の取組を支援することにより、地方公共団体の情報セキュリティの向上を図ること。

十四、指定地域共同活動団体制度の創設に当たっては、行政財産の貸与や随意契約による事務委託に関して、弾力的な運用を可能とする特例を設けることに鑑み、指定に係る団体の民主的で透明性の高い運営その他適正な運営を確保するため、事前及び事後チェックを的確に行えるよう、地方議会が一定の役割を担うことも含め、市町村に対して必要な助言を行うこと。

十五、指定地域共同活動団体としての指定の有無にかかわらず、地域住民が中心となって形成され、地域課題の解決に向けた取組を持続的に実践する団体に対し、市町村が十分な支援を行うことができるよう、引き続き、適切な財政措置を講ずること。

右決議する。

おわりに

ここでは、本書上下巻を通したいきさつを中心にまとめておきます。

本書のはじまりは6月17日のことでした。公人の友社、武内英晴社長（以下、武内さん）と新宿でお目にかかり、最近の自治総研のことなどを話しているうちに地方自治法「改正」が話題になり、これに対する武内さんの憤りを目の当たりにしました。

所内で武内さんと同様またはそれ以上の危惧・憤りを持っていると思われたのは今井照特任研究員（以下、今井さん）です。今井さんは主任研究員を退き、少しのんびりされるのかと思いきや、この問題に対して最も活発に批判を展開しているひとりとなっていました。もうひとりは、坪井ゆづる客員研究員です（以下、坪井さん）。坪井さんは２０２４年2月から自治総研の仲間入りをしましたが、この改正について「すんなり」通過した感があることに違和感を持ち、古巣新聞社に資料を送ったりするなど立場がかわっても世論への訴えかけを継続しているように思われました。

筆者はといえば、この改正が「あっさり」成立し、また、少なくとも成立過程や成立当初において、学界でも比較的「冷静に」受け止められていたように感じていました。すなわち、たとえば指示権について「法律に規定されても実際に行使されることはほぼないので実際の自治体運営等に大きな影響はない」という受け止めです。

こうした「あっさり」「すんなり」と成立し、「冷静に」受け止められている今回の「改正」に憤り、危惧した人々がいたことを記録に残す重要性からこのブックレットはスタートしました。構想としては、今井さんによる法改正の概要と問題点の解題と、坪井さんによる憤り、抗った人へのインタビューをそれぞれまとめたブックレットを出すというものです。

まず今井さんに相談したところ、「すぐに書ける」、「上下巻にできる」、「(少なくとも上巻は) 施行前（改正法の多くは9月26日施行）に出す必要がある」というような回答をもらったと記憶しています。ほどなくして今井さんから8万字を超える原稿がもたらされ、それが、ほぼ上巻となりました（このスピード感とボリュームは想定外でした）。

正確には記憶していませんが、坪井さんに具体的な相談をしたのは今井さんから上巻の原稿を受け取った後ではなかったと思います。坪井さんからは二つ返事、しかも、インタビュー対象や構成などの腹案もありました。もっとも後回しになったのは、自治総研内の出版企画として走り出すための手続きであり、こうした事情から、会議では「できちゃった本」とのお言葉もいただきました。

手続きが後回しになったのは、会議のタイミングもありましたが書名について武内さん、今井さん、坪井さんと固めてからの方がよいとの判断もありました（もっとも、彼らとスピード感を共有できておらずのんびり構えていたのも事実です）。6月の時点で筆者には書名になった「転回」という言葉が浮かんできていました。「改正」という合法でしかも一見民主的な手続きを経て大きく向きを変える動きは、停止も後退も逆走もともなわない「転回」（すなわちUターン）に思われたのです。幸い、関係各位の合意も得られ、スタートを切った本書は施行日に先駆けて上巻が、そして今、下巻が上梓の運びとなりました。

上巻は今井さんの独壇場となり、武内さんとの間で編集作業も瞬く間に進捗しました。筆者の出る幕はほぼなく、表紙デザイン候補を所内の研究員を中心に検討した程度で、これはもはや今井さんの著作ではないかと思われたのですが、今井さんのご配慮もあり今井照・自治総研編集ということになりました。

下巻も、坪井さんの腹案でほぼ完成されていたので、取材にかこつけて遠方に出かけてやろうという筆者の目論みは潰えました。下巻はすでに上巻以上の厚みになっており、紙幅も残っていませんでした。ただ、もう少し多様な地域からの声を収録したかったとの思いは残ります。構成・執筆等もほぼ坪井さんにより形成された下巻ですので、坪井さんの著作で、あるいは、上巻に倣って坪井ゆづる・自治総研編集でと考えていましたが、武内さんから届いた案は坪井ゆづる・其田茂樹・自治総研（企画・編集）でした。坪井・其田でよいのとの意見もありましたが、所内にも編集の協力を仰いでおり、奥付に「自治総研」は載りませんが、企画・編集にその名を残す形で送り出したいと思います。

思いがけず筆者が「名付け親」となった本書『「転回」する地方自治』ですが、この上下巻を通した「警鐘」が、分権改革の思いを正しく「継承」し、地方自治の「展開」に資することを願ってやみません。

其田　茂樹（地方自治総合研究所）

〔企画・編者〕

坪井　ゆづる（つぼい・ゆづる）

（公財）地方自治総合研究所客員研究員

1958年生まれ。82年朝日新聞入社。長野、北海道勤務を経て、90年政治部員。AERA記者、編集委員、東北復興取材センター長・仙台総局長、論説委員。2018年から夕刊コラム「素粒子」担当。23年退社、24年から現職。日本自治学会理事、京都大学客員教授、日本記者クラブ企画委員などを歴任。現在は「スローライフの会」共同代表。

其田　茂樹（そのだ・しげき）

（公財）地方自治総合研究所常任研究員

1973年生まれ。藤沢市政策研究員等を経て2012年より現職。
おもな著作『国税・森林環境税』（共著、公人の友社、2021年）、『自治から考える「自治体DX」』（編著、公人の友社、2021年）、『生活を支える社会のしくみを考える』（共著、日本経済評論社、2019年）、『地方自治論』（共著、弘文堂、2018年）など。日本地方自治学会企画委員、秦野市行財政調査会委員などを兼務。

自治総研ブックレット No.28

「転回」する地方自治―2024地方自治法改正（下）**【警鐘の記録】**

2024年11月5日　第1版第1刷発行

企画・編者　坪井ゆづる／其田茂樹／自治総研
発 行 人　武内英晴
発 行 所　公人の友社
〒112-0002　東京都文京区小石川5-26-8
TEL 03-3811-5701　FAX 03-3811-5795
e-mail: info@koujinnotomo.com
http://koujinnotomo.com/
印 刷 所　モリモト印刷株式会社

ISBN978-4-87555-918-4　C3030